collections

Spanish Close Reader

GRADE 7

Program Consultants:
Kylene Beers
Martha Hougen
Carol Jago
William L. McBride
Erik Palmer
Lydia Stack

Copyright © 2017 by Houghton Mifflin Harcourt Publishing Company

All rights reserved. No part of this work may be reproduced or transmitted in any form or by any means, electronic or mechanical, including photocopying or recording, or by any information storage and retrieval system, without the prior written permission of the copyright owner unless such copying is expressly permitted by federal copyright law. Requests for permission to make copies of any part of the work should be submitted through our Permissions website at https://customercare.hmhco.com/permission/Permissions.html or mailed to Houghton Mifflin Harcourt Publishing Company, Attn: Intellectual Property Licensing, 9400 Southpark Center Loop, Orlando, Florida 32819-8647.

Printed in the U.S.A.

ISBN 978-0-544-57026-9

5 6 7 8 9 10   0607   24 23 22 21 20 19 18

4500734405   A B C D E F G

If you have received these materials as examination copies free of charge, Houghton Mifflin Harcourt Publishing Company retains title to the materials and they may not be resold. Resale of examination copies is strictly prohibited.

Possession of this publication in print format does not entitle users to convert this publication, or any portion of it, into electronic format.

COLECCIÓN 1
Actos audaces

CUENTO
Las grandes cosas vienen en
envases pequeños — Eleanora E. Tate — 3

ENSAYO
Halla tu propio Everest — Robert Medina — 13

MITO GRIEGO
Aracne — *narrado por* Olivia E. Coolidge — 17

COLECCIÓN 2
Percepción y realidad

CUENTO
Latido — David Yoo — 25

ARTÍCULO CIENTÍFICO
Salvar a los perdidos — Reynaldo Vasquez — 31

Comparar versiones — 35

NOVELA
de Cuento de Navidad — Charles Dickens — 35

OBRA DE TEATRO
de Cuento de Navidad: Scrooge y Marley — Charles Dickens, *adaptación teatral de* Israel Horovitz — 37

NOVELA GRÁFICA
de Cuento de Navidad — Marvel Comics — 40

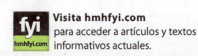

Visita hmhfyi.com
para acceder a artículos y textos
informativos actuales.

COLECCIÓN 3
La naturaleza en acción

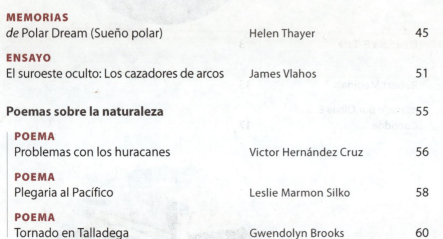

MEMORIAS
de Polar Dream (Sueño polar) — Helen Thayer — 45

ENSAYO
El suroeste oculto: Los cazadores de arcos — James Vlahos — 51

Poemas sobre la naturaleza — 55

POEMA
Problemas con los huracanes — Victor Hernández Cruz — 56

POEMA
Plegaria al Pacífico — Leslie Marmon Silko — 58

POEMA
Tornado en Talladega — Gwendolyn Brooks — 60

COLECCIÓN 4
El riesgo y la exploración

ENSAYO EN LÍNEA
¿Vale la pena explorar el espacio? — Joan Vernikos — 63

ARTÍCULO PERIODÍSTICO
Las picaduras y los tentáculos que dejan entrever el deterioro de los océanos — Elisabeth Rosenthal — 67

COLECCIÓN 5
La cultura consumista

ARTÍCULO DE REVISTA
Los adolescentes y la nueva tecnología ... Andres Padilla-Lopez ... 77

ENSAYO
Tamaños e ilusiones ... Lourdes Barranco ... 83

CUENTO
¡O–ye! ¡Sal de a–hí! ... Shinichi Hoshi ... 87

COLECCIÓN 6
Guiados por una causa

RELATO HISTÓRICO
de "The Most Daring of [Our] Leaders"
(La más audaz de nuestras líderes) ... Lynne Olson ... 96

DISCURSO
Discurso de la Convención
Nacional Demócrata ... John Lewis ... 101

CUENTO
Viene Doris ... ZZ Packer ... 103

ARTÍCULO PERIODÍSTICO
Hacedor de diferencias: John Bergmann
y el Parque Popcorn ... David Karas ... 107

Visita hmhfyi.com para acceder a artículos y textos informativos actuales.

CÓMO USAR
SPANISH CLOSE READER

Aprender a leer en detalle

LEER LOS TEXTOS

Los complejos textos literarios e informativos requieren una lectura exhaustiva para comprender y apreciar completamente su significado. Estos textos pueden incluir lenguaje difícil o estructuras complejas que se esclarecen solo por medio de un análisis detenido. Para comprender estos complejos textos en su totalidad, debes aprender a leer y volver a leer con tranquilidad y propósito.

Spanish Close Reader ofrece muchas oportunidades de practicar la lectura exhaustiva. Para aprender a leer en detalle,

- lee cada texto de Spanish Close Reader lentamente hasta el final.
- date tiempo para pensar y responder a las consignas de LEER y VOLVER A LEER, que te ayudan a enfocar tu lectura.
- cita evidencia específica del texto para apoyar tu análisis de la selección.

El objetivo de la lectura en detalle es que obtengas conocimientos útiles a medida que analizas el mensaje del autor y aprecias su arte.

Contexto/Biografía
Este párrafo ofrece información sobre el texto que estás a punto de leer. Te ayuda a comprender el contexto de la selección mediante información adicional sobre el autor, el tema o el momento histórico en el que se escribió el texto.

LEER
Con un poco de práctica, puedes aprender a leer en detalle. Las preguntas y las instrucciones específicas al comienzo de la selección y en la parte inferior de las páginas guiarán tu lectura en detalle de cada texto.

Estas preguntas e instrucciones

- se refieren a secciones específicas del texto.
- te piden que busques y marques información específica en el texto.
- te piden que anotes inferencias y análisis del texto en el margen.
- te ayudan a reunir y citar evidencia del texto.

Vocabulario
Las palabras de vocabulario clave aparecen en el margen de la mayoría de las selecciones. Consulta un diccionario impreso o en línea para definir las palabras por tu cuenta.

Cuando veas una palabra de vocabulario en el margen,

- escribe su definición en el margen.
- asegúrate de que tu definición funciona en el contexto de la palabra tal y como se usa en el texto.
- comprueba tu definición sustituyéndola en lugar de la palabra de vocabulario del texto. Tu definición debe tener sentido en el contexto de la selección.

VOLVER A LEER
Para seguir guiando tu lectura en detalle, las preguntas de VOLVER A LEER de la parte inferior de la página

- te pedirán que te concentres en analizar más de cerca algunos fragmentos más pequeños del texto.
- te pedirán que analices los elementos y recursos literarios, al igual que el significado y la estructura de los textos informativos.
- te ayudarán a volver sobre el texto y "leer entre líneas" para descubrir significados e ideas centrales.

vii

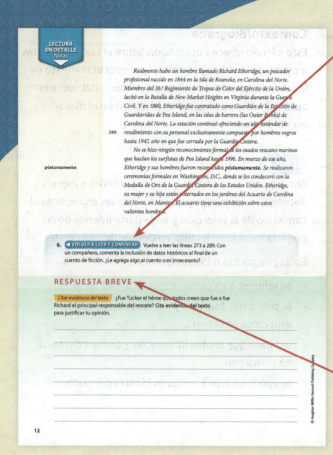

VOLVER A LEER Y COMENTAR

Estas consignas te animan a trabajar con un compañero o un grupo pequeño y a conversar sobre sucesos, detalles, y enunciados específicos, citando evidencia del texto. Estas conversaciones te permitirán adquirir y compartir conocimientos sobre los textos que estás leyendo.

Cuando te sumes a estas conversaciones,

- asegúrate de citar evidencia específica del texto para justificar tus enunciados.
- formula preguntas e integra tus ideas a las ideas de los demás.
- colabora para que haya consenso o llama la atención sobre evidencia que se pueda haber pasado por alto o malinterpretado.
- escucha el punto de vista de los demás y sé abierto para modificar tu propio modo de pensar.

RESPUESTA BREVE

Al final de cada texto, tendrás la oportunidad de resumir lo que piensas y completar la Respuesta breve. La Respuesta breve es el lugar donde puedes expresar algunas de las ideas que fuiste desarrollando con la lectura en detalle del texto.

Cuando escribas tu Respuesta breve,

- repasa todas las notas que tomaste durante la lectura y las respuestas a las preguntas de VOLVER A LEER.
- encierra en un círculo o resalta la evidencia de tus notas que apoye tu posición o punto de vista.
- expresa claramente tu punto de vista y justifícalo con razones.
- cita evidencia específica del texto para justificar tus razones.

COLECCIÓN **1**

Actos audaces

COLECCIÓN 1
Actos audaces

"Sé audaz, toma coraje… y ten un alma fuerte".

—Ovidio

CUENTO
Las grandes cosas vienen en envases pequeños — Eleanora E. Tate

ENSAYO
Halla tu propio Everest — Robert Medina

MITO GRIEGO
Aracne — narrado por Olivia E. Coolidge

Biografía Eleanora E. Tate *nació en Canton, Misuri, y pasó su primer año escolar en una escuela de un solo salón que compartían todos los estudiantes, desde el primero al octavo grado. Escribió su primer cuento cuando estaba en tercer grado. Tate dice que escribe libros y cuentos para que todos puedan leer sobre la valiosa historia y cultura de los afroamericanos.*

Las grandes cosas vienen en envases pequeños

Cuento escrito por Eleanora E. Tate

1. **LEER** Mientras lees las líneas 1 a 81, comienza a reunir y citar evidencia del texto.

   - Subraya los detalles en las líneas 1 a 6 que describen el entorno del cuento.
   - Encierra en un círculo varios sucesos que dependan del entorno.
   - Encierra en un círculo el nombre de la narradora y subraya tres cosas que ella revele sobre sí misma y sobre Tucker.

LECTURA EN DETALLE Notas

Quiero contarles sobre un chico que conocí, que hace algunos años vivía en Morehead City, Carolina del Norte, y se llamaba Tucker Willis. Vivía por Calico Creek, donde todo gira en torno al pasto de los humedales, los lenguados y los cangrejos violinistas. No está lejos de la parte trasera de la **terminal** del puerto de Morehead City, adonde llegan los grandes barcos del océano Atlántico.

A todos les caía bien, y era bueno en casi todo lo que hacía. Pero cuando Tucker cumplió once o doce, todavía era tan pequeño que parecía un elfo. Y ya saben cómo es la cosa cuando uno es un poco diferente de los demás, aunque sea de una manera inocente. Los niños lo llamaban Pulgarcito, pigmeo, pequeñín, gusanillo, enano.

Yo creía que Tucker era la cosita más linda del mundo. Pero en aquella época, yo solo era LaShana Mae, la niña de las piernas chuecas que vivía más abajo por la misma calle. Tenía un par de años menos que él, pero

Las personas se burlaban de él por ser pequeño, y eso no le gustaba.

terminal: extremo de una línea de transporte

3

éramos amigos e íbamos a la misma iglesia (la iglesia bautista misionera de San Lucas) y a la misma escuela.

Por aquellos días, en la década de 1970, los niños y las niñas no salían juntos como novios como lo hacen los niños hoy en día. Además, yo era solo una niña flaca con trenzas y frenos en los dientes. Los niños me llamaban "alambres" por culpa de esos frenos, ¡y vaya que me hacían enojar! Así que Tucker y yo teníamos mucho en común y muchas veces hablábamos de los apodos que nos ponían los otros niños, especialmente cuando íbamos a pescar. Aunque los apodos lo lastimaban, Tucker había dejado de pelearse con los niños que le decían cosas. Pelearse no ayudaba. Esos niños eran muy grandes para él y no les podía dar una paliza. Así que con el tiempo, aprendió a ignorar las burlas. La mayoría de las veces se reía de ellas. Era un chico pequeño pero duro. Pero, ¡dios me libre, cómo odiaba esos apodos!

Un día Tucker hizo algo y todos dejaron de decirle los apodos que tanto le disgustaban. Creo que, después de lo que hizo, creció algunas pulgadas y todo.

Deben saber un par de cosas sobre este niño antes de que les cuente qué fue lo que cambió todo. Tucker hacía casi todo lo que hacían los otros niños de su edad. Era el torpedero estrella del equipo de béisbol de la Pequeña Liga. Saltaba como una pulga en la cancha de básquetbol. Era inteligente en la escuela. Pertenecía a los Boy Scouts. Nadaba como un pez, ¡y hasta surfeaba!

Para mí, era como un chocolate Tootsie Roll en el inmenso mar. Sí, yo también tenía un apodo para él. Lo llamaba Tootsie Roll, pero nunca se lo dije en la cara. No se lo dije a nadie. Y cuando lo llamaba de esa forma para mis adentros, no lo hacía con mala intención.

Tucker también sabía pescar. Le gustaba especialmente pescar en el pequeño **embarcadero** al lado de la casa de sus padres. En el verano, se recostaba boca abajo en el embarcadero y atrapaba algunos de los lenguados más grandes de Calico Creek. En vez de usar una caña y un carrete, usaba un manojo de sedal, un anzuelo con cebo de camarón y una pesa para evitar que el cebo quedara flotando en la superficie.

Hacía oscilar el camarón a una o dos pulgadas del fondo, justo delante de la nariz de un lenguado. A veces pescábamos juntos en el embarcadero y yo no atrapaba nada, ni un sargo, ni siquiera un pez lagarto, nada de nada. Pero el bueno de Tootsie Roll los atrapaba a todos.

Traté de pescar como pescaba él, pero casi siempre usaba una caña y un carrete porque creía que él pescaba como un pueblerino. Nunca pude pescar nada, por lo menos en Calico Creek. Pescaba bien cuando iba al embarcadero de Atlantic Beach.

embarcadero:

Allí veía surfear a Tucker. Hasta se burlaban de él por eso, porque no había muchos niños negros que supieran surfear. ¡Diablos! A pesar de lo mucho que nos gustaba el agua, la mayoría ni siquiera sabíamos nadar. Yo no sabía nadar. Hasta que Tucker me enseñó tiempo después.

60 Él y su papá o su mamá pescaban en su propio y pequeño embarcadero durante toda la noche, a veces alumbrándose con una lámpara Coleman[1]. Sus padres pescaban con cañas y carretes. Nunca me quedé pescando con ellos durante la noche porque los mosquitos y los jejenes me habrían comido entera.

Además, mi mamá me decía que en el arroyo donde ellos pescaban se hacían bautismos, lo cual estaba bien. Pero luego decía: "LaShana Mae, ten cuidado de andar por ese arroyo sola durante la noche. Las personas que fueron bautizadas allí y que han fallecido vuelven a ese arroyo como espíritus en medio de la noche cuando hay luna llena. Van a cantar y a
70 celebrar y a gritar y a rezar, y no les gusta ser **perturbadas**. A menos que quieras unírteles".

perturbar:

Se imaginarán que mamá no tenía ni que preocuparse de que yo, que era una niñita asustadiza, fuera de noche por mi cuenta a *ningún* arroyo. Pero a veces, por la noche, miraba por la ventana para ver si alguien celebraba de la manera en que ella decía. Nunca vi nada más que adultos que pescaban. A veces, tal vez alguien gritaba si atrapaba un pez gordo. Cuando me hice grande, comprendí que mamá me contaba esa historia para que no me metiera en problemas. Le preocupaba que pudiera ahogarme o hacer algún tipo de locura. Bueno, funcionó. Yo sabía que era
80 fácil meterse en problemas si estaba en algún lugar donde no se suponía que debía estar.

---

[1] **lámpara Coleman:** una lámpara que quema queroseno a presión para dar luz.

---

2. **◀ VOLVER A LEER** Vuelve a leer las líneas 7 a 28. En el margen, describe el conflicto que enfrenta Tucker. Encierra en un círculo el texto que anticipa un suceso futuro.

3. **LEER ▶** Mientras lees las líneas 82 a 126, continúa citando evidencia del texto.
   - Encierra en un círculo el texto que crea suspenso con respecto a un suceso que va a ocurrir y que es importante en la trama.
   - Subraya el texto que sugiere que el encuentro con Richard fue importante para Tucker.
   - En el margen, haz una inferencia sobre la actitud que tiene Tucker con Richard.

Bueno, lo que cambió todo el tema de los apodos empezó cuando Tucker estaba en su embarcadero tratando de atrapar un lenguado. Notó que había un hombre parado en el muelle del motel Moten, a unas pocas yardas de donde él estaba. El hombre tenía un grueso bigote blanco y una barba al estilo Van Dyke, y llevaba una chaqueta militar azul y dorada y una gorra. Yo no estaba allí, así que no lo vi, pero eso es lo que me contó Tucker.

Cuando el hombre lo saludó con la mano, como era un niño simpático, Tucker le devolvió el saludo. Luego, empezaron a conversar. El hombre dijo que su nombre era Richard y que estaba quedándose en el motel por unos días. Su hogar quedaba en Manteo, en la isla de Roanoke, no muy lejos de la cadena de islas Outer Banks, donde trabajaba en el Servicio de Guardavidas de los Estados Unidos.

Tucker creyó que lo que quería decir era que estaba en la Guardia Costera de los Estados Unidos. Tucker sabía bastante sobre la guardia costera, pero nunca había oído hablar de este servicio de guardavidas. Tucker le preguntó al hombre si le gustaba pescar. Richard dijo que sí. Se había dedicado a la pesca comercial antes de convertirse en capitán del servicio de guardavidas. Como guardavidas, dijo, él y sus hombres se adentraban en el mar, en el medio de un huracán o de una tormenta con vientos del nordeste, para salvar a los pasajeros y a la tripulación de los barcos que se estaban hundiendo.

Por supuesto, cualquier cosa que tuviera que ver con el agua resultaba fascinante para Tucker, así que debe de haberle hecho un millón de preguntas al tal Richard. Pero a Richard no pareció molestarle. Dijo que ya no tenía muchas oportunidades de hablar con niños.

Richard dijo que un buen guardavidas debe ser fuerte, debe ser un excelente nadador, debe reaccionar rápido y debe tener un buen estado físico y una buena vista, además de comprender que el mar puede ser peligroso. Le contó tantas historias sobre cómo había salvado vidas que Tucker deseaba enlistarse en ese mismo momento, y así se lo dijo. Presentaba todos los **requerimientos** necesarios, excepto que era muy joven, claro. Y muy bajito.

Richard le dijo que no era el tamaño lo que importaba en el trabajo, sino las ganas que la persona tenía de hacerlo. ¿Cómo se movían esos enormes barcos de dos o más pisos de altura desde el puerto de Morehead City hacia el mar? La mayoría no podría moverse sin sus pequeños remolcadores, que los empujaban y tiraban de ellos, dijo Richard. Un remolcador tenía la capacidad de mover un barco de un tamaño muy superior al suyo.

Richard dijo que Tucker iba a ser un buen remolcador y que un día iba a crecer y llegaría a ser un gran barco. Le agradeció a Tucker por la conversación y le dijo que tal vez se volverían a encontrar; luego se dirigió de vuelta al hotel. Tucker dijo que pensó en lo que le había dicho Richard durante el resto de la tarde.

Unos días después, Tucker decidió ir a pescar con su papá al embarcadero de Atlantic Beach. Su papá trabajaba allí como cocinero. Por alguna razón, ese día yo no pude ir. Siempre deseé haber podido. 130 Tucker contó que llevó también su tabla de surf, en caso de que hubiera poca pesca. Era temprano a la mañana, pero el viento cálido de julio soplaba desde el suroeste, lo que hacía que las olas fueran desparejas y arenosas. La marea estaba bajando. No había casi nadie en el embarcadero, lo cual era otra pista de que los peces no estaban picando. Tucker dijo que solo había un hombre en el agua; flotaba en una balsa roja como una inmensa medusa.

Después de más de una hora sin haber pescado nada, Tucker dejó la caña y el carrete con su padre en la cocina del restaurante del embarcadero y salió a surfear. Después de nadar bastante lejos, se trepó a la tabla y 140 surfeó una ola. Cuando echó un vistazo hacia el embarcadero, ¿adivinen a quién vio? A su nuevo amigo, Richard, que lo aplaudía desde allí. Al menos esta vez vestía pantalones cortos y una camisa común y corriente. Tucker dijo que apostaba que el otro día Richard se había asado en ese pesado uniforme.

Richard gritaba: "¡Hazlo, remolcador! ¡Surfea esa ola!".

4. **VOLVER A LEER** Vuelve a leer las líneas 108 a 126. Explica el significado de la afirmación de Richard de que "Tucker iba a ser un buen remolcador y que un día iba a crecer y llegaría a ser un gran barco". Cita evidencia específica del texto para apoyar tu explicación.

_____
_____
_____
_____

5. **LEER** Mientras lees las líneas 127 a 193, continúa citando evidencia del texto.

- En el margen, toma notas sobre cómo se construye el suspenso en esta sección.
- Encierra en un círculo el párrafo que es más probable que sea el clímax del cuento.

"*Se retorcía en el agua y gritaba que no sabía nadar*".

¿*Remolcador*? Tucker dijo que frunció el ceño hasta que recordó la historia de Richard sobre los remolcadores. Entonces le devolvió el saludo, nadó mar adentro en busca de otra ola y pasó al hombre de la balsa. El hombre le dijo: "Eres muy pequeño para ir tan lejos, ¿no, enano?". Tucker sacudió la cabeza y siguió avanzando.

Surfeó cuatro olas más hasta que notó un nubarrón púrpura muy alto en el horizonte, hacia el suroeste. Esa nube significaba que probablemente se acercaba una tormenta, pero Tucker calculó que tenía al menos media hora antes de que el viento levantara las olas, empujara la nube, y empezara a llover. Tucker no le tenía miedo a nada, pero el sentido común y sus padres le decían que siempre se alejara del agua cuando había tormentas eléctricas. Es difícil crecer sin sentido común, porque si eres estúpido a veces puedes terminar muerto.

Con un ojo puesto en el horizonte, Tucker siguió pasando olas hasta que una ola enorme se arqueó detrás de él y le rompió encima. Tucker desapareció.

Una revolcada. Pero no fue un problema para Tucker. Surgió inmediatamente del agua y se agarró a la tabla, que estaba amarrada a su tobillo. Él estaba bien, pero el hombre de la balsa, no. Se retorcía en el agua y gritaba que no sabía nadar.

Mientras la gran nube negra cubría el cielo encima de ellos, el viento y las olas empezaban a hacerse más fuertes. Tucker dudaba. Quería ayudar al hombre pero estaba preocupado por su propia seguridad. Finalmente, se montó sobre la tabla de surf y, usando sus manos como remos, se impulsó hacia la balsa. Tenía tiempo de alcanzar la balsa, llevársela al hombre y luego volver. Pero cuando Tucker pasaba a su lado, el hombre se abalanzó sobre la tabla de surf y lo hizo caer.

¡Y luego el hombre se agarró de Tucker! Atrapado entre los brazos y las piernas de ese gran oso, con el mar cada vez más agitado, Tucker dijo que supo que se iba a morir, y empezó a rezar.

Pero algo lo levantó del agua y lo subió a la tabla, donde pudo recuperar el aliento. ¡Fue entonces que vio a su amigo Richard, que también estaba en el agua! ¡Bendito sea! Richard estaba llevando la balsa hacia el hombre. Con dos fuertes tirones, sacó al hombre del agua y lo 180 puso sobre la balsa.

Luego gritó: ¡Vamos a empujar y tirar, remolcador! ¡Empujar y tirar!

De alguna manera Tucker y Richard empujaron y tiraron de la balsa —con el tipo atornillado adentro— hasta llegar lo más cerca de la costa posible para que el hombre pudiera caminar el resto del trayecto. Cuatro o cinco personas se zambulleron y los ayudaron a llegar a la playa y a la casa del embarcadero. Una de esas personas era un periodista que estaba de vacaciones.

Cuando todos terminaron de entrar en la casa del embarcadero, comenzó a llover. Una flecha de luz relampagueó sobre el agua e iluminó 190 todo el mar. En ese momento, Tucker dijo que se asustó... cuando vio ese rayo. Se habría freído vivo, ¿saben? El hombre que rescató Tucker se llamaba Nibbles. El señor Nibbles estaba tan agradecido con Tucker que le dio cien dólares en ese mismo momento.

El periodista entrevistó a todos y tomó fotografías de Tucker, del señor Nibbles y del papá de Tucker, que casi tuvo un ataque al corazón cuando se enteró de lo que había pasado. Cuando el periodista preguntó cómo un niño tan pequeño pudo haber rescatado a un hombre grande, Tucker dijo: "Porque soy un remolcador, como dijo Richard. Traemos a los grandes".

Pero cuando Tucker se volteó para señalar a Richard, no lo encontró.

200 El artículo sobre el rescate de Tucker apareció en el periódico local, luego lo levantó la agencia Associated Press, y fue publicado en todo el mundo. La cadena de televisión CBS llevó a Tucker y a sus padres a Nueva York para que aparecieran en su programa matutino. Después, ya de vuelta en

6. **VOLVER A LEER Y COMENTAR** Vuelve a leer las líneas 151 a 158. Con un compañero, comenta los detalles que generan suspenso. ¿Qué es lo que crees que anuncian estos detalles? Justifica tu respuesta con evidencia explícita del texto.

7. **LEER** Mientras lees las líneas 194 a 248, continúa citando evidencia del texto.

- En el margen, explica cómo se resuelve el conflicto de Tucker.
- Luego, resume lo que Tucker aprende sobre Richard en las líneas 226 a 248.

Morehead City, a Tucker lo saludaban desconocidos en la calle, en las tiendas, y hasta iban a verlo a su casa. Querían ver al pequeño "remolcador" que había salvado a aquel hombre enorme y pedirle un autógrafo.

Las tiendas a lo ancho y a lo largo de la calle Arendell colocaron en sus escaparates carteles que decían "¡BIENVENIDO A CASA, REMOLCADOR!". Y se organizó un desfile para darle la bienvenida. ¡Tucker era un héroe! El alcalde y Tucker montaron en la parte de atrás de un gran Cadillac descapotable de color blanco y desde allí saludaron a todos. Estaba tan orgullosa que casi grito: "¡Bravo, *Tootsie Roll*!". Pero me contuve a tiempo.

Después de eso, todos, hasta los lugareños, empezaron a llamar a Tucker Remolcador, los niños también. Nunca antes habíamos visto a un héroe de carne y hueso tan cerca, especialmente a uno de nuestra edad. Ya no era divertido burlarse de él y decirle apodos. Es curioso cómo las cosas pueden cambiar por completo, ¿no es así?

¿Y saben qué? Tucker creció y llegó a medir seis pies y cinco pulgadas. Jugó en el equipo de básquetbol de la Universidad Central de Carolina del Norte, los Eagles, se unió a la Guardia Costera de los Estados Unidos, y vive en Kill Devil Hills, Carolina del Norte, en las islas Outer Banks.

Pero hay algo que Tucker nunca descubrió. Cuando al principio contó que Richard era el verdadero héroe, nadie le creyó. Aparentemente nadie excepto Tucker había visto a Richard, ni siquiera el señor Nibbles.

Pero hay más. Cuando Tucker fue a la tienda de recuerdos del embarcadero para gastar un poco del dinero que había ganado con el rescate, tomó un libro sobre la guardia costera. Estaba hojeándolo cuando se detuvo en una vieja foto de unos hombres negros que vestían chaquetas iguales a la de Richard. Estaban parados delante de un edificio en las islas Outer Banks. Abajo había una foto de… ¡así es, Richard! ¡Bigote, barba, chaqueta, todo!

Tucker leyó: "Historia del Servicio de Guardavidas de Pea Island. El capitán Richard Etheridge era el Guardián del Servicio de Guardavidas de Pea Island, institución precursora de lo que ahora es en parte la Guardia Costera de los Estados Unidos. Esta valiente y única tripulación de guardavidas, formada en su totalidad por afroamericanos, y aquellos que los siguieron, salvaron la vida de cientos de pasajeros de barcos que naufragaron en los mares tormentosos".

Tucker dijo que salió disparado de la tienda de recuerdos hacia el restaurante para mostrarle a su papá el libro que probaba lo que él decía, pero lo que leyó a continuación lo hizo detenerse: "El capitán Etheridge nació en 1844 en la isla de Roanoke, en Carolina del Norte, y murió en 1900".

Tucker dijo que leyó la fecha quince o veinte veces antes de caer en la cuenta de lo que significaba. ¿Mil novecientos? Richard Etheridge estaba muerto desde hacía casi cien años. ¿Cómo era posible que un muerto lo ayudara a salvar a ese hombre? A menos que Richard fuera un fantasma. ¿Había estado hablando y nadando con… un fantasma?

Créanme cuando les digo que Tucker fue al día siguiente a la biblioteca a buscar toda la información que podía encontrar sobre Richard Etheridge. No había mucho, pero lo que encontró fue que Richard Etheridge era todas esas grandes cosas sobre las que había leído y que efectivamente había muerto en 1900.

Unos años después, cuando los padres de Tucker visitaron el Acuario de Carolina del Norte, en la isla de Roanoke, Tucker halló la tumba y el monumento a Richard Etheridge. Su lápida decía "1844–1900". Ahí fue cuando Tucker dejó de hablar de la participación de Richard en el rescate. A menos que alguien preguntara.

Así que ahora, si se encuentran con Tucker "Remolcador" Willis, pregúntenle sobre el rescate y les contará. Luego, con mucho cuidado, pregúntenle si alguna vez conoció a Richard Etheridge. Les dirá que sí, que así fue, y les dirá qué fue lo que aprendió. Lo que aprendió es que vale la pena ser amable con cualquiera que te encuentres, como Tucker lo fue con un hombre llamado Richard. Nunca se sabe cuándo esa persona podría serte de ayuda.

Y cada vez que Tucker me cuenta la historia, me la cuenta de la misma manera en que yo se la cuento a ustedes. Tucker es prueba suficiente de que algunas de las cosas que son realmente importantes y que realmente ayudan a las personas pueden venir en paquetes realmente pequeños.

Y también es prueba de que las cosas buenas les llegan a aquellos que esperan, como lo hice yo. Lo sé, porque soy la señora LaShana Mae Willis, la esposa de Remolcador.

---

8. **LEER** ▶ Mientras lees las líneas 249 a 289, continúa citando evidencia del texto.

- Subraya la razón por la que Tucker deja de hablar de la participación de Richard en el rescate (líneas 254 a 258).
- Encierra en un círculo lo que aprendiste sobre la narradora.

Realmente hubo un hombre llamado Richard Etheridge, un pescador profesional nacido en 1844 en la isla de Roanoke, en Carolina del Norte. Miembro del 36.º Regimiento de Tropas de Color del Ejército de la Unión, luchó en la Batalla de New Market Heights en Virginia durante la Guerra Civil. Y en 1880, Etheridge fue contratado como Guardián de la Estación de Guardavidas de Pea Island, en las islas de barrera (las Outer Banks) de Carolina del Norte. La estación continuó ofreciendo un alto estándar de
280 *rendimiento con su personal exclusivamente compuesto por hombres negros hasta 1947, año en que fue cerrada por la Guardia Costera.*

*No se hizo ningún reconocimiento formal de los osados rescates marinos que hacían los surfistas de Pea Island hasta 1996. En marzo de ese año, Etheridge y sus hombres fueron reconocidos **póstumamente**. Se realizaron ceremonias formales en Washington, D.C., donde se los condecoró con la Medalla de Oro de la Guardia Costera de los Estados Unidos. Etheridge, su mujer y su hija están enterrados en los jardines del Acuario de Carolina del Norte, en Manteo. El acuario tiene una exhibición sobre estos valientes hombres.*

póstumamente:

9. ◀ **VOLVER A LEER Y COMENTAR** Vuelve a leer las líneas 273 a 289. Con un compañero, comenta la inclusión de datos históricos al final de un cuento de ficción. ¿Le agrega algo al cuento o es innecesario?

RESPUESTA BREVE

Citar evidencia del texto ¿Fue Tucker el héroe que todos creen que fue o fue Richard el principal responsable del rescate? **Cita evidencia del texto** para justificar tu opinión.

_____
_____
_____
_____
_____
_____
_____

12

Contexto *A unos 29,000 pies sobre el nivel del mar, se alza el monte Everest, la montaña más alta del mundo. Más de cinco mil personas llegaron a la cima del Everest desde el primer ascenso exitoso, realizado por Edmund Hillary y Tenzing Norgay en 1953. Sin embargo, la escalada es extremadamente peligrosa; más de 200 personas murieron cuando intentaban llegar a la cumbre.*

Halla tu propio Everest

Ensayo escrito por Robert Medina

1. **LEER** Mientras lees las líneas 1 a 32, comienza a reunir y citar evidencia del texto.

   - Encierra en un círculo la información más importante que aprendiste sobre Jordan Romero en las líneas 1 a 12.
   - Explica en el margen lo que significan "las siete cumbres".
   - Subraya los detalles de las líneas 21 a 32 que explican lo que logró Jordan.

¿*Pueden excederse los padres a la hora de apoyar a sus hijos?* Esta es una pregunta que suelen hacerse las personas cuando escuchan la historia del alpinista adolescente Jordan Romero. Entre los 10 y los 15 años, Jordan escaló las montañas más altas de cada continente, y su padre y su madrastra las escalaron con él. Se llamaban a sí mismos el "equipo Jordan".

Paul Romero, el padre de Jordan, se sorprendió cuando su hijo de 9 años le anunció muy firmemente su intención de escalar "las siete cumbres". Jordan había visto un mural en la escuela en el que aparecían los siete picos que conformaban estas **notorias** montañas. Cuando le dijo a su
10 padre lo que quería hacer, Paul Romero se quedó boquiabierto. Paul es un alpinista experimentado, así que sabía lo que esto implicaba. También sabía cómo era su hijo.

notorio:

LECTURA EN DETALLE
Notas

"Siempre le enseñamos a pensar en grande, y trataremos de que lo logre", dijo Paul Romero. Pero, como notó Romero más adelante, hay una delgada línea entre alentar a su hijo y presionarlo demasiado. El padre comenzó por entrenar a su hijo para que pudiera "empezar a comprender lo que era el alpinismo: horas y días y semanas largos, duros, sucios y poco divertidos en los que se cargan las mochilas, y viajes largos, extensos y brutales, y todo esto antes de que uno pueda siquiera pensar en escalar
20 una montaña".

perseverar:

Pero Jordan **perseveró** y, en julio de 2006, cuando tenía 10 años de edad, Jordan y su familia escalaron los 19,300 pies de altura del Kilimanjaro, el pico más alto del continente africano. Este fue el primer peldaño de la sorprendente escalera que Jordan Romero había empezado a subir. Durante los siguientes cinco años y medio, el equipo Jordan escaló el monte Elbrús en Rusia (2007), el Aconcagua en América del Sur (2007), el monte McKinley en América del Norte (2008), el monte Pirámide de Carstensz en Indonesia (2009), el monte Everest en Asia (2010) y el macizo Vinson en la Antártida (2011). En muchas de estas escaladas, Jordan
30 marcó el record mundial por ser la persona más joven que escaló el pico. Cuando completó las siete cumbres a los 15 años, se convirtió en la persona más joven en lograr esa hazaña.

Fue el ascenso al monte Everest (cuando Jordan tenía solo 13 años de edad) el que causó la mayor **controversia**. La proeza de Jordan de ser la persona más joven en alcanzar "la cima del mundo" fue promocionada

controversia:

2. ◀ **VOLVER A LEER** Vuelve a leer las líneas 13 a 20. En el margen, explica con tus propias palabras lo que dice Paul Romero sobre el alpinismo.

3. **LEER** ▶ Mientras lees las líneas 33 a 51, continúa citando evidencia del texto.
   - Subraya la afirmación médica que argumenta sobre los peligros de escalar una montaña para un niño de 13 años.
   - Encierra en un círculo la afirmación médica que ofrece un contraargumento, o una respuesta, a los peligros de escalar una montaña para un niño de 13 años.
   - Subraya la opinión dada por otro alpinista.

en todo el mundo. "¿Cuándo se es demasiado joven?" preguntaba el encabezado de un periódico. Muchos alpinistas y médicos expertos cuestionaron si un niño de 13 años podía escalar tan alto (el monte Everest mide casi 30,000 pies de altura) sin dañar físicamente su cuerpo. El doctor Michael Bradley, psicólogo y experto en comportamiento adolescente, opina: "La mayoría de los niños de 13 años no están capacitados para tomar decisiones **cognitivas** de vida o muerte, y no pueden entender realmente en lo que se están metiendo". Otro médico, el doctor Peter Hackett, afirma que hay opiniones contradictorias sobre los efectos que esto tendría en un cerebro joven. Algunas teorías dicen que un cerebro joven es más fuerte; otras dicen que puede ser más vulnerable.

Muchos alpinistas discrepan con la publicidad que rodea al equipo Jordan. El escalador del Everest Todd Burleson lo resumió con las siguientes palabras: "Tiene toda la vida para escalar el Everest. Ser el chico más joven en escalarlo es algo más relacionado con la fama y la publicidad que con las montañas. Es como tratar de obtener un doctorado a los diez años".

Paul Romero dice que él es completamente consciente de los riesgos, y que hay un delgada línea entre alentar a Jordan y presionarlo demasiado. Habla sobre el punto en el que Jordan podría "alcanzar su máximo potencial mental y físico, y en el que los riesgos sean demasiado altos". Y agrega: "Jordan ni siquiera se ha acercado a ese punto aún".

¿Y qué sucede con Jordan, ahora que ha cumplido su meta de escalar las siete cumbres antes de cumplir los 16 años? Como era de esperar, tiene una nueva misión. Él la llama "Halla tu propio Everest". En 2012, el equipo

cognitivo:

4. **VOLVER A LEER Y COMENTAR** Vuelve a leer las líneas 48 a 51. Con algunos compañeros, forma un grupo pequeño. Comenta si la evidencia que cita Todd Burleson es suficiente para justificar su opinión de que Jordan y su familia solo buscan publicidad.

5. **LEER** Mientras lees las líneas 52 a 66, continúa citando evidencia del texto.

- En el margen, vuelve a expresar lo que dice Paul Romero en las líneas 52 a 56.
- Encierra en un círculo la idea principal de las líneas 57 a 64.
- Subraya los detalles que apoyan la idea principal.

LECTURA EN DETALLE
Notas

60 Jordan empezó a alentar a los jóvenes a ser activos y saludables y a buscar sus propias aventuras. Mientras tanto, los invita a unírsele para escalar el pico más alto de cada estado (desde el monte Denali o McKinley, que mide 20,320 pies, hasta el punto más alto de Florida: ¡la colina Britton Hill, de 345 pies de altura!).

"Me siento bien con lo que mis padres me enseñaron sobre fijar metas", dice Jordan. Y ahora quiere difundir ese mensaje a los demás.

6. **◀ VOLVER A LEER** Vuelve a leer las líneas 57 a 66. Haz una nota en el margen sobre cómo podrían reaccionar las personas a la nueva misión de Jordan, considerando la respuesta a sus primeras escaladas.

RESPUESTA BREVE

Citar evidencia del texto El artículo comienza con la pregunta: "¿Pueden excederse los padres a la hora de apoyar a sus hijos?". Repasa las notas que tomaste durante la lectura, responde la pregunta en relación con los Romero y evalúa la fortaleza de las afirmaciones expuestas. Asegúrate de **citar evidencia del texto** en tu respuesta.

___
___
___
___
___
___
___
___
___
___

Contexto Muchos mitos griegos tratan sobre personajes que se alejan de los límites impuestos por los dioses griegos o que ignoran sus advertencias. En este mito, Aracne, una tejedora, se enfrenta a Atenea, la diosa de la sabiduría y de todas las artes, especialmente del tejido.

Aracne

Mito griego narrado por Olivia E. Coolidge

1. **LEER** Mientras lees las líneas 1 a 36, comienza a reunir y citar evidencia del texto.
   - Subraya los detalles que describen la habilidad de Aracne.
   - Encierra en un círculo los detalles que revelan la personalidad de Aracne.

Aracne era una doncella que se hizo famosa en toda Grecia, aunque no era de alta cuna, ni hermosa, ni venía de una gran ciudad. Vivía en una pequeña y **recóndita** aldea, y su padre era un humilde tintorero de lana. Él era muy habilidoso y producía muchas variedades de tonos, pero por sobre todas las cosas era famoso por el claro y brillante rojo escarlata, que se obtenía de los crustáceos, y era el más glorioso de los colores usados en la antigua Grecia. Aracne era aún más habilidosa que su padre. Su tarea era hilar la lana hasta convertirla en una hebra fina y suave, y con ella tejer una tela en el alto telar vertical[1] que había en la casa. Aracne era pequeña y pálida de tanto trabajar. Tenía los ojos claros y el pelo de color marrón grisáceo, pero aun así era rápida y se movía con mucha gracia, y sus dedos, ásperos como estaban, iban tan rápido que se hacía difícil seguir sus movimientos oscilantes. Tan suave y parejo era su hilo, tan fina su tela, tan hermoso su bordado, que pronto sus productos fueron conocidos en toda Grecia. Nadie antes había visto algo parecido.

recóndito:

---

[1] **telar vertical:** bastidor alto usado para sostener los hilos en posición vertical mientras se tejen otros hilos en forma horizontal.

Al final, la fama de Aracne fue tal que las personas venían de todas partes para verla trabajar. Hasta las gráciles ninfas salían, sigilosas, de los arroyos o los bosques y por la oscura entrada la miraban tímidamente, maravilladas ante los blancos brazos de Aracne frente el telar, mientras ella pasaba la lanzadera[2] de una mano a la otra entre los hilos que colgaban, o sacaba de la rueca[3] la lana larga y fina, como un cabello, mientras la hacía girar. "Seguramente Atenea misma le enseñó", murmuraban las personas. "¿Quién más podría conocer los secretos de tan maravilloso oficio?".

Aracne estaba acostumbrada a que se maravillaran con su trabajo y también estaba inmensamente orgullosa de la habilidad que había hecho que tantos vinieran a observarla. Ella vivía para las alabanzas, y le molestaba mucho que las personas creyeran que alguien, aunque fuera una diosa, le había enseñado lo que sabía. Por lo tanto, cuando los oía murmurar, cesaba de trabajar, se daba vuelta, **indignada,** y decía: "Obtuve esta habilidad con mis propios diez dedos y con mucha práctica, desde muy temprano en la mañana hasta la noche. Nunca tuve tiempo para quedarme mirando mientras otra doncella trabajaba, como lo hacen ustedes. Y si lo tuviera, no le daría el crédito a Atenea si la muchacha fuera más habilidosa que yo. Y en lo que respecta al tejido de Atenea, ¿cómo podría haber una tela más fina o más bellamente bordada que la mía? Si Atenea misma bajara y compitiera conmigo, no podría hacerlo mejor que yo".

indignado:

---
[2] **lanzadera:** trozo de madera que sostiene el hilo que se teje horizontalmente entre los hilos verticales de un telar.
[3] **rueca:** una varilla corta que sostiene la lana que se va a hilar.

2. **◀ VOLVER A LEER** Vuelve a leer las líneas 24 a 36. Explica por qué Aracne está tan indignada. ¿Qué rasgos de personalidad revela Aracne con este comportamiento? Justifica tu respuesta con evidencia explícita del texto.

_____
_____
_____

3. **LEER ▶** Mientras lees las líneas 37 a 66, continúa citando evidencia del texto.
   - Subraya el consejo que la anciana le da a Aracne.
   - En el margen, vuelve a escribir con tus palabras la respuesta de Aracne al consejo de la mujer.
   - En el margen, describe la reacción de Aracne cuando descubre que está hablando con Atenea.

> **"Niña insensata, ¿cómo te atreves a considerarte igual a los mismísimos dioses inmortales?"**

Pero un día, cuando Aracne se dio vuelta para decir esas palabras, le respondió una anciana de pelo gris, encorvada y muy pobre, apoyada en un bastón. Miraba a Aracne fijamente entre la multitud de espectadores.

—Niña insensata —le dijo—, ¿cómo te atreves a considerarte igual a los mismísimos dioses inmortales? Soy una anciana y he visto mucho. Escucha mi consejo y pide perdón a Atenea por tus palabras. Conténtate con tu fama de ser la mejor hilandera y tejedora que los ojos mortales hayan visto alguna vez.

—Estúpida anciana —dijo Aracne, indignada—, ¿quién le dio derecho a hablarme de esa manera? Es fácil ver que usted nunca fue buena para nada en sus tiempos, o no vendría aquí así de pobre y cubierta de harapos a contemplar mi habilidad. Si a Atenea le molestan mis palabras, deje que las responda ella misma. La he desafiado a una competencia pero, por supuesto, ella no vendrá. Es fácil para los dioses evitar comparar su habilidad con la de los mortales.

Ante esas palabras, la anciana arrojó su bastón y se enderezó. Asombrados, los espectadores la vieron crecer en altura y belleza, vestida con una larga túnica de un blanco resplandeciente. Se asustaron muchísimo cuando se dieron cuenta de que estaban en presencia de Atenea. Aracne misma se sonrojó por un momento, pues nunca pensó realmente que la diosa pudiera oírla. Pero no iba a ceder ante el grupo que se había reunido allí, así que apretó sus pálidos labios con **obstinación** y orgullo, llevó a la diosa a uno de los grandes telares y se sentó frente al otro. Sin decir una palabra, empezaron a hilar las largas hebras de lana que colgaban de los rodillos y entre las cuales la lanzadera se movía hacia delante y hacia atrás. Había muchas madejas apiladas al lado de ellas para

obstinación:

que usaran: blancas, doradas, rojas y otras tonalidades, tan variadas como el arcoíris. Aracne nunca había pensado en dar crédito por su éxito a la habilidad de su padre con el teñido, aunque en verdad los colores eran tan destacables como la tela misma.

Muy pronto no hubo otro sonido en la habitación más que la respiración de los espectadores, el zumbido de las lanzaderas y el crujido de los bastidores de madera cuando se apretaba el hilo en su lugar o se ajustaban las clavijas para que el tejido se sostuviera derecho. Emocionada, la multitud empezó a ver que la habilidad de ambas en verdad era casi igual pero que, más allá de cómo resultara la tela, la diosa era la más rápida de las dos. En su telar, urdía un patrón de muchos dibujos. Había un borde de ramas enroscadas de olivo, el árbol favorito de Atenea, mientras que en el centro empezaban a aparecer figuras. A medida que observaban los brillantes colores, los espectadores se dieron cuenta de que Atenea estaba tejiendo en su patrón una última advertencia para Aracne. La figura central era la diosa misma que competía con Poseidón por la posesión de la ciudad de Atenas, pero en las cuatro esquinas había mortales que habían tratado de **batir** a los dioses e ilustraciones del horrible destino que habían sufrido. La diosa terminó un poco antes que Aracne y tomó distancia de su maravilloso trabajo para observar lo que la doncella estaba haciendo.

batir:

---

4. ◀ **VOLVER A LEER** Vuelve a leer las líneas 37 a 44. ¿Qué sugiere el consejo de la anciana sobre el tema principal del mito?

_____
_____
_____
_____

5. **LEER** ▶ Mientras lees las líneas 67 a 113, continúa citando evidencia del texto.

- Subraya la advertencia que teje Atenea para Aracne.
- Encierra en un círculo el insulto que teje Aracne para Atenea.
- En el margen, explica lo que sucede con Aracne al final del mito.

Una estatua de Atenea de la antigua Grecia

Nunca antes Aracne se había enfrentado a alguien cuya habilidad fuera igual, o casi igual a la suya. Mientras miraba de tanto en tanto a Atenea y veía a la diosa trabajar veloz y tranquilamente, y siempre un poco más rápido que ella, en vez de asustarse, se enojó, y un pensamiento malvado le vino a la cabeza. Así, cuando Atenea se apartó para observar a Aracne mientras terminaba su trabajo, vio que la doncella había hecho como diseño un patrón de escenas en las que mostraba actos malvados o indignos de los dioses, cómo habían engañado a bellas doncellas, cómo recurrían a artimañas y aparecían ocasionalmente en la tierra en forma de personas pobres y humildes. Cuando la diosa vio ese insulto que resplandecía en brillantes colores en el telar de Aracne, no esperó a que las telas fueran juzgadas, sino que dio un paso adelante, con los ojos grises centellantes de ira, y rasgó el trabajo de Aracne. Luego, golpeó a Aracne en el rostro. Aracne se quedó quieta un momento, luchando con la ira, el miedo y el orgullo que sentía.

—No viviré bajo este insulto —gritó, y tomando una cuerda de la pared, hizo un lazo para colgarse.

descendiente:

La diosa tocó la cuerda y tocó a la doncella.

—Sigue viviendo, malvada niña —le dijo—. Sigue viviendo e hilando, tanto tú como tus **descendientes.** Cuando los hombres te vean, recordarán que no es sensato batirse con Atenea.

Tras estas palabras, el cuerpo de Aracne empezó a arrugarse y sus piernas se hicieron largas, flacas y deformes. Y allí, delante de los ojos de los espectadores, colgaba de un hilo delgado una pequeña araña de color marrón grisáceo.

110 Todas las arañas descienden de Aracne, y mientras los griegos las observaban hilar su maravillosa tela, recordaban la competencia de Aracne y Atenea, y pensaban que ni siquiera el mejor de los mortales puede proclamar su igualdad con los dioses.

6. ◀ **VOLVER A LEER Y COMENTAR** Con algunos compañeros, forma un grupo pequeño. Comenta qué hizo Aracne que enfureció tanto a Atenea y decide si su castigo está o no justificado. Cita evidencia del texto en la conversación.

RESPUESTA BREVE

Citar evidencia del texto ¿Qué lecciones sobre el comportamiento humano enseña este mito? Repasa las notas que tomaste durante la lectura y **cita evidencia del texto** en tu respuesta.

_____
_____
_____
_____
_____
_____
_____
_____

COLECCIÓN **2**

Percepción y realidad

COLECCIÓN 2
Percepción y realidad

"*Ahora* no sé si soñé entonces que era una mariposa o si soy ahora una mariposa que sueña que es un hombre".

—Chuang Tzu

CUENTO
Latido
David Yoo

ARTÍCULO CIENTÍFICO
Salvar a los perdidos
Reynaldo Vasquez

Comparar versiones de Cuento de Navidad

NOVELA
de Cuento de Navidad
Charles Dickens

OBRA DE TEATRO
de Cuento de Navidad: Scrooge y Marley
Charles Dickens
adaptación teatral de Israel Horovitz

NOVELA GRÁFICA
de Cuento de Navidad
Marvel Comics

Biografía *Nacido en 1974, **David Yoo** se ha sentido un extraño muchas veces. En la escuela internacional de Corea, era el único estudiante estadounidense de ascendencia coreana entre sus compañeros de clase alemanes y sauditas. Cuando su familia se mudó a Connecticut, una vez más volvió a encontrar pocos pares asiáticos. Publicó su primer libro,* Girls for Breakfast *(Chicas para el desayuno), a los veintinueve años. El libro es un relato humorístico sobre un héroe adolescente estadounidense de ascendencia coreana y sus esfuerzos por encajar en una escuela secundaria de los suburbios de los Estados Unidos.*

Latido

Cuento escrito por David Yoo

1. **LEER** Mientras lees las líneas 1 a 39, comienza a reunir y citar evidencia del texto.

   - Subraya los adjetivos que describan a Latido.
   - En el margen, resume cómo Latido intenta subir de peso.
   - Encierra en un círculo fragmentos del texto que revelen cómo se siente Latido cuando intenta subir de peso.

Me dicen "Latido" porque mis amigos juran que se me ven los latidos del corazón cuando tengo el pecho al aire. Siempre fui flaco. Todo el mundo da por sentado que soy un debilucho porque soy tan delgado (yo prefiero decir "magro y fuerte" o "fibroso"), a pesar de que practico tres deportes. Decidí ponerle fin a esta situación este otoño cuando Sarah, la chica que me gusta, dijo: "Oh, por favor… qué flaco eres". Claramente le dio impresión mi pecho hundido cuando bajé del autobús después de la práctica de fútbol. Juré en silencio hacer todo lo que estuviera a mi alcance para convertirme en la foto del "después".

10 Tenía dieciséis años, pero parecía de once.

Durante el resto del otoño, hice una infinidad de flexiones y levanté pesas libres hasta que no pude doblar los brazos. Gané muchísima fuerza y tonifiqué los músculos, pero no aumenté de peso. Quería ponerme *más ancho*. No me importaba ser más fuerte si nadie lo notaba. Investigué un poco y me puse a levantar pesas más pesadas con menos repeticiones, y comencé a tomar suplementos con las comidas, como batidos para

25

fruslería:

sarcástico:

en vano:

aumentar de peso, claras de huevo, camotes hervidos y potes de requesón. Me obligué a mantener una ingesta diaria de calorías equivalente a la de tres hombres con sobrepeso, y aun así no pude
20   incrementar mi tamaño. (Tengo un metabolismo ridículamente rápido). Durante el receso de Navidad, dejé de hacer movimientos innecesarios, como jugar al ping-pong o subir y bajar escaleras, porque soy como un colador: las 83 calorías de una barra de mini-Snickers son una **fruslería** si gasto 90 en masticarla.

En enero, regresé a la escuela deprimido porque para todos seguía siendo Latido. Me la pasaba pesándome. Por lo menos una vez por hora, estuviera donde estuviera, encontraba un baño, me sacaba la camiseta y sacaba músculo frente al espejo durante algunos minutos. Me sentía tan frustrado porque nada resultaba… pero la frustración no duró mucho.
30   Hace dos semanas, estaba sentado en el salón de estudio cuando Sarah dijo las palabras mágicas: "¿Estuviste haciendo ejercicio, Dave? Te ves más grande". No pude distinguir si estaba siendo **sarcástica**. Llegué a casa y me inspeccioné frente al espejo. ¡Estaba más grande!

Pero después me di cuenta de la razón: sin querer, ese día me había puesto dos camisetas debajo de mi camiseta de rugby. Era solo una ilusión. **En vano** me había atiborrado con comida y había levantado pesas religiosamente sin conseguir alterar mi apariencia, y ahora de casualidad había dado con una simple solución para parecer más grande. Fue como volver a nacer.
40   Al día siguiente, fui a la escuela con dos camisetas debajo de mi suéter de cuello alto. Me sentía macizo. Al final de la semana pasada, ya usaba tres camisetas debajo de mi camiseta de rugby. Este lunes me puse cuatro camisetas debajo de la camisa escocesa. Me salieron trapecios que

2. **VOLVER A LEER** Vuelve a leer las líneas 25 a 33. Encierra en un círculo el nombre real del narrador. ¿Cómo cree el narrador que lo perciben sus compañeros de clase? Justifica tu respuesta con evidencia explícita del texto.

_____

_____

_____

3. **LEER** Mientras lees las líneas 40 a 83, continúa citando evidencia del texto.
   - Subraya el número de camisetas que usa Latido.
   - Encierra en un círculo la interpretación que hace Latido del modo en que lo perciben sus compañeros cuando usa capas de ropa.

no existían. Mis hombros, del tamaño de un hisopo, se transformaron en deltoides[1] de la NBA del tamaño de un pomelo. Me daba cuenta de que mis compañeros me miraban de un modo sutilmente diferente. Era respeto. Sarah me miró de un modo que yo no conocía, como si se sintiera… *más segura* cuando yo estaba cerca. Cuando caminaba por el pasillo al final del día, debí de haber hecho una torsión extraña, porque de repente me estalló literalmente la cremallera y todas las remeras se me salieron del pantalón. Por suerte, el pasillo estaba vacío y yo tenía puesto un cinto.

Me di cuenta de que la ropa me quedaba artificialmente chica. Las camisas me quedaban tan justas que unos segundos después de ponerme las capas extras adentro de los pantalones, la presión hacía que la ropa se levantara y se apretujara en algunos lugares, y parecía que tenía un bocio[2] en el hombro o algo por el estilo. La otra noche, durante la cena, me quejé con mis padres:

—No me entra nada últimamente. La verdad, no los hace quedar muy bien todo esto. Los podrían arrestar.

—¿De qué estás hablando? Estás igual que siempre. Sigues siendo mi pequeño —respondió mi padre, mientras me agarraba la cabeza con un brazo y me daba un coscorrón con la mano libre. Lo miré con desprecio.

—Necesito una nueva chaqueta de esquí—dije, lo cual era cierto. Casi no podía aplaudir con todas las capas que tenía puestas. En ese punto, estaba perdiendo el control. Las cuatro camisetas debajo del suéter de lana me aplastaban los pulmones como una faja para hombres. Era un pequeño precio que había que pagar. Ya nadie me decía Latido, me recordé a mí mismo.

---

[1] **trapecios… deltoides:** Los trapecios son músculos grandes y chatos ubicados en la parte superior de la espalda. Los deltoides son músculos triangulares que conectan la parte superior del hombro con el brazo.

[2] **bocio:** inflamación de la glándula tiroidea visible en la parte inferior del cuello.

LECTURA EN DETALLE — Notas

70 Después de cenar, fui a una fiesta. Aunque era invierno, opté por quedarme en el patio de atrás todo el tiempo que me fuera posible porque hacía mucho calor adentro. Estar adentro era como estar en un sauna, pero Sarah estaba en el sótano, así que fui en esa dirección. Estábamos hablando y ella notó que me caían gotas de transpiración.

—Estás temblando —me dijo y me tocó el hombro. Creyó que estaba nervioso porque estaba hablando con ella y probablemente pensó que eso era tierno, pero en realidad yo estaba a punto de desmayarme porque llevaba cuatro camisetas ajustadas y dos camisas de manga larga debajo de mi suéter de lana, ni que hablar de los dos pantalones deportivos

80 enrollados adentro de los calcetines con el fin de agregar un poco de volumen a los cuádriceps (de mis antiguas patas de pollo). Me apretó el bíceps[3].

—Diablos, Dave, ¿cuántas capas llevas puestas?

Ni siquiera me di cuenta de que me estaba apretando el brazo.

—Me tengo que ir —le dije, y me fui a la otra punta del sótano. Todos estaban apretujados. Hacía tanto calor que todo el mundo estaba en camisetas y tops, menos yo. Estaba empapado y deliraba, y empezaba a sentir **claustrofobia**. Tenía el pecho frío porque llevaba cuatro camisetas empapadas debajo del suéter. Parecía que me había dado un

claustrofobia:

90 brote de Ébola[4] o algo por el estilo. Cuando tosía, la gente se alejaba con miedo. ¡*Abandonen el barco! ¡Abandonen el barco!* No tenía más opción que quitarme algunas capas. Llegué al baño dando tumbos. Los brazos me pesaban mucho mientras me sacaba el suéter. Me cansé de solo levantarlos y tuve que parar en la mitad y descansar en el borde de la bañera para recobrar el aliento. Me fui quitando las capas de a poco, una a la vez; me quité todos los pantalones, hasta que quedé en calzoncillos.

---

[3] **cuádriceps… bíceps:** Los cuádriceps son músculos largos ubicados en la parte delantera del muslo. Los bíceps son músculos largos ubicados en la parte delantera del brazo.

[4] **Ébola:** virus mortal que causa fiebres altas y hemorragia.

---

4. ◀ **VOLVER A LEER Y COMENTAR** Vuelve a leer las líneas 40 a 48. Dave dice: "(…) mis compañeros me miraban de un modo sutilmente diferente. Era respeto". Con algunos compañeros, forma un grupo pequeño. Comenta si lo que Dave piensa de la respuesta de sus compañeros se basa en la realidad o es un producto de su imaginación.

5. **LEER ▶** Mientras lees las líneas 85 a 125, continúa citando evidencia del texto.

- Subraya los adjetivos que usa Latido para describirse a sí mismo.
- En el margen, resume cómo se siente Latido en la fiesta cuando se quita las capas de ropa.

> **"Estaba empapado y deliraba, y empezaba a sentir claustrofobia".**

Me sequé con una toalla. La camiseta roja se había desteñido con el sudor y había manchado las tres camisetas blancas de abajo, que ahora eran de un color rosa pálido. Alcé la pila de ropa y me sorprendí de lo que pesaba. La apretujé dentro de un armario. Volvería por ella en otro momento, antes de irme. Me puse el suéter sin nada abajo. Después de dos semanas de restringirme el acceso de aire y el rango de movilidad con las seis capas de ropa, me resultaba increíble que mis brazos estuvieran tan libres. Sentí ganas de bailar por primera vez en la vida. De repente, me di cuenta de cómo me veía realmente en esta fiesta: como un peluche rellenito, miserable y frustrado que se consumía de calor debajo de todas esas capas. ¿Todo esto porque odiaba cómo me decían?

Volví a mi casa y me di cuenta de que había dejado la pila de ropa mojada en la fiesta. Lo tomé como una señal. Los días de usar capas extras se habían terminado para siempre. Si Sarah se había interesado en mí porque estaba relleno, entonces se había interesado en otra persona. Además, el invierno no iba a durar para siempre y yo no iba a poder volver a usar un solo conjunto de prendas como un ser humano común y corriente no bien llegara la primavera. El cambio de mi apariencia exterior iba a ser el mismo que el de una oveja esquilada. De ahora en más, me iba a dedicar a ser yo mismo.

Eso fue anoche. *No estoy asquerosamente flaco*, me digo todo el tiempo. Soy fibroso. Soy magro y fuerte.

120 Afuera, está nevando otra vez. Hoy a la noche hay una fiesta, y mis amigos están por pasar a buscarme. No sé qué ponerme, así que dispongo en el piso cuatro conjuntos diferentes de ropa, como si fueran siluetas de personas marcadas con tiza. Una bocina de carro suena diez minutos después, y yo todavía no he decidido qué ponerme. Tal vez me ponga los cuatro.

6. **VOLVER A LEER** Mientras vuelves a leer las líneas 85 a 125, toma notas en el margen sobre por qué Latido decide que no va a usar más capas extras. Luego, vuelve a leer las últimas líneas del cuento. ¿Crees que la esencia de la personalidad de Latido ha cambiado? Justifica tu respuesta con evidencia explícita del texto.

_____
_____
_____

RESPUESTA BREVE

Citar evidencia del texto Escribe un breve resumen de la trama de "Latido". Repasa las notas que tomaste durante la lectura y usa tus propias palabras para responder a las preguntas ¿Quién?, ¿Cuándo?, ¿Dónde? y ¿Qué sucede? **Cita evidencia del texto** para justificar tu respuesta.

Contexto *Adrian Owen es un revolucionario científico británico cuyas investigaciones se han divulgado en documentales, en programas de radio y televisión, y en periódicos y revistas. En este artículo, se presentan los destacados hallazgos que obtuvo Owen cuando estudió la actividad cerebral de un grupo muy especial de personas.*

Salvar a los perdidos

Artículo científico escrito por Reynaldo Vasquez

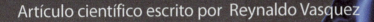

LECTURA EN DETALLE Notas

1. **LEER** ▶ Mientras lees las líneas 1 a 16, comienza a reunir y citar evidencia del texto.
   - Encierra en un círculo la pregunta del comienzo del artículo.
   - Subraya la idea central del primer párrafo y parafrasea la idea en el margen.
   - Subraya la idea central del segundo párrafo y vuelve a expresarla en el margen.

¿Cómo podemos comprender lo que piensa o siente una persona que no puede responder? Las personas que están en *estado vegetativo* son aquellas que salieron de un estado de coma y parece que están despiertas, tienen los ojos abiertos y presentan patrones de sueño. Sin embargo, no muestran ningún signo de conciencia respecto de quiénes son y dónde están. No pueden hablar y no responden a los sonidos, al hambre ni al dolor. El estado real de los pacientes en estado vegetativo fue un misterio en gran parte hasta que Adrian Owen hizo una serie de asombrosos descubrimientos.

10 A finales de la década de 1990, el científico británico Owen se dio cuenta de que las técnicas de *neuroimagen* —que producen imágenes de la actividad cerebral sin cirugía— respaldaban lo que los científicos ya sabían: las diferentes partes del cerebro procesan diferentes tipos de pensamientos. La preocupación de Owen era que la neuroimagen no

LECTURA EN DETALLE
Notas

> "Por extraño que parezca, los científicos conocen la parte del cerebro de las personas sanas que muestra actividad cuando estas se imaginan que juegan al tenis. Es siempre la misma"

estaba arrojando nuevos resultados, y él quería hallar un uso concreto para esas técnicas.

En 1997, Owen y su equipo comenzaron a estudiar a una paciente que estaba en estado vegetativo. Exploraron su cerebro con un escáner mientras le mostraban rostros familiares, y el cerebro de la paciente "se encendió como un árbol de Navidad". Tras los resultados arrojados por el estudio, la paciente recibió **rehabilitación** intensa. En la mayoría de los casos, los pacientes en estado vegetativo solo reciben la atención mínima para mantenerlos con vida. Desde entonces, la paciente le envió una carta de agradecimiento a Owen, pues se dio cuenta de que, sin el estudio, a ella también la habrían dado por perdida.

Owen continuó con su investigación, y en 2006 hizo un nuevo descubrimiento. Estudió con un escáner el cerebro de otra paciente. Esta vez le pidió a la mujer que se imaginara que jugaba al tenis. Por extraño que parezca, los científicos conocen la parte del cerebro de las personas

rehabilitación:

2. **VOLVER A LEER** Vuelve a leer las líneas 10 a 16. Resume el desafío de Adrian Owen y el misterio médico que quiso resolver. Justifica tu respuesta con evidencia explícita del texto.

_____
_____
_____

3. **LEER** Mientras lees las líneas 17 a 38, continúa citando evidencia del texto.
   • Encierra en un círculo las palabras o las frases de tiempo y orden que señalen la secuencia de los sucesos.
   • En el margen, explica los beneficios de usar el orden cronológico para organizar el texto.

sanas que muestra actividad cuando estas se imaginan que juegan al tenis. Es siempre la misma. También fue la misma en su paciente. Luego le pidió que se imaginara que caminaba por su casa. Su cerebro mostró actividad en el mismo punto en el que lo haría el cerebro de una persona sana si esa persona pensara en caminar por las habitaciones de su casa. Según Owen, esto demostraba que la paciente estaba consciente. Algunos investigadores estuvieron de acuerdo con Owen, pero otros, no. Sostenían que la respuesta de la paciente había sido una reacción involuntaria a las palabras finales de Owen.

Owen no se dio por vencido. Junto con un equipo de Bélgica, estudió a otros 54 pacientes. De ellos, cinco respondieron de la misma manera que la paciente del estudio anterior. Luego, cuando estudiaban al "paciente 23", descubrieron algo muy importante. El paciente había estado en estado vegetativo los últimos cinco años, después de haber sufrido un accidente automovilístico. Los científicos descubrieron que el paciente 23 podía responder "sí" y "no" por medio de cambios en su actividad cerebral. El paciente respondió a preguntas que los **peritos** no podrían haber sabido ni descubierto con ninguna pista.

"¿El nombre de tu padre es Thomas?".

"No".

"¿El nombre de tu padre es Alexander?".

"Sí".

"¿Tienes hermanos?".

"Sí".

"¿Tienes hermanas?".

"No".

4. **VOLVER A LEER** Vuelve a leer las líneas 26 a 38. Resume los sucesos que ocurrieron en 2006. Justifica tu respuesta con evidencia explícita del texto.

_____
_____
_____
_____

5. **LEER** Lee las líneas 39 a 66. Subraya cada idea central y, en el margen, escribe por lo menos un detalle que la apoye.

LECTURA EN DETALLE
Notas

Cuando Owen publicó sus hallazgos en 2010, hubo una respuesta inmediata de parte de los medios de comunicación y de la comunidad científica. Una universidad canadiense le ofreció una enorme subvención para que Owen continuara su investigación allí.

60 Hay neurólogos que no están de acuerdo con las conclusiones a las que llegó Owen y cuestionan si se puede decir que haya estado de conciencia en estos pacientes. A Owen no le interesan esos detalles. En los Estados Unidos, hay decenas de miles de personas que están en estado vegetativo. Owen cree que tal vez un quinto de esas personas puedan comunicarse. Le gustaría ver que esa posibilidad se convirtiera en realidad.

6. ◀ **VOLVER A LEER Y COMENTAR** Vuelve a leer las líneas 39 a 55. Con algunos compañeros, forma un grupo pequeño. Comenta las razones por las que el autor incluye diálogo en este fragmento.

RESPUESTA BREVE

Citar evidencia del texto Usando detalles específicos del texto, escribe un breve resumen del trabajo de Owen y sus posibles implicancias. **Cita evidencia del texto** para justificar tu respuesta.

_____
_____
_____
_____
_____
_____
_____
_____
_____
_____

Contexto La novela Cuento de Navidad *de* **Charles Dickens** *cuenta la historia de Ebenezer Scrooge, un viejo miserable que se transforma después de una serie de encuentros extraordinarios con su pasado, su presente y su futuro. La historia de Dickens se ha vuelto a contar muchas veces. El dramaturgo estadounidense* **Israel Horovitz** *la adaptó para el teatro, y la editorial* **Marvel Comics** *la convirtió en una novela gráfica. Leerás tres versiones de una escena de* Cuento de Navidad. *En la escena que sigue, Scrooge sigue al fantasma de la Navidad futura a un cementerio.*

COMPARAR VERSIONES DE
Cuento de Navidad

LECTURA EN DETALLE
Notas

1. **LEER** ▶ Mientras lees las líneas 1 a 30, comienza a citar evidencia del texto.

   • Subraya detalles que describan el entorno.
   • Encierra en un círculo las preguntas que Scrooge le hace al espíritu.
   • En el margen, resume lo que sucede en las líneas 28 a 30.

de **Cuento de Navidad**
Novela escrita por Charles Dickens

—Espectro —dijo Scrooge—, algo me dice que es hora de que nos separemos. Lo sé, pero no sé por qué. Dime, ¿quién era aquel hombre con la cara cubierta que vimos en su lecho de muerte?

El fantasma de la Navidad futura lo condujo a un cementerio **lúgubre**, penoso y en ruinas.

El espíritu se detuvo entre las tumbas y señaló una.

—Antes de acercarme a la lápida que señalas, respóndeme una pregunta. ¿Son estas sombras de lo que va a suceder o son sombras de lo que solo tal vez suceda?

10   El fantasma seguía apuntando a la tumba a su lado.

—El rumbo de la vida de un hombre presagia su final, al que sin duda conducirá si el hombre sigue igual. Pero si se aleja de ese rumbo, el final cambiará. ¡Dime que es eso lo que me muestras!

El espíritu estaba más quieto que nunca.

lúgubre:

LECTURA EN DETALLE
Notas

Tembloroso, Scrooge se arrastró hacia la tumba; siguió el dedo del fantasma y, sobre la lápida de la tumba abandonada, leyó su propio nombre: EBENEZER SCROOGE.

—¿Era yo el hombre que yacía en el lecho? ¡No, espíritu! ¡Oh, no, no! ¡Espíritu! ¡Escúchame! No soy el hombre que era. Estos encuentros han 20 hecho de mí un hombre diferente del que podría haber sido. ¿Por qué me muestras esto si ya no hay esperanzas para mí? Dime que todavía puedo cambiar las sombras que me mostraste si **enmiendo** mi vida.

Por primera vez, la mano amable vaciló.

—Honraré la Navidad en mi corazón y trataré de mantener vivo su espíritu todo el año. Viviré en el pasado, en el presente y en el futuro. Los espíritus de los tres me darán fuerza interior. No ignoraré las lecciones que me enseñan. ¡Oh, dime que puedo borrar las letras de esta lápida!

Al juntar las manos para suplicar por última vez que cambiara su destino, vio una alteración en la capucha y la túnica del fantasma, que 30 se encogió, se desplomó y se convirtió en un poste de la cama.

enmendar:

2. ◀ **VOLVER A LEER** Vuelve a leer las líneas 1 a 30. ¿Qué efecto logran las preguntas repetidas de Scrooge?

_____
_____
_____
_____

RESPUESTA BREVE

Citar evidencia del texto Scrooge es el único personaje que habla en la escena. ¿Qué detalles muestran que lo que dice Scrooge afecta al fantasma? **Cita evidencia del texto** en tu respuesta.

_____
_____
_____
_____

3. **LEER** ▶ Mientras lees las líneas 1 a 28, continúa citando evidencia del texto.

- Subraya cada oración que mencione la mano de Futuro.
- Encierra en un círculo los efectos especiales en las acotaciones.
- En el margen, anota un elemento de la obra de teatro que no aparezca en la historia original.

de Cuento de Navidad: Scrooge y Marley
Obra de teatro escrita por Israel Horovitz

Scrooge.— Espectro, algo me dice que es hora de que nos separemos. Lo sé. Pero no sé por qué.
[FUTURO *señala al otro lado del escenario. Se apagan las luces que iluminan a los* CRATCHIT[1]. FUTURO *se desliza lentamente.* SCROOGE *lo sigue.* FUTURO *apunta al otro lado.* FUTURO *guía a* SCROOGE *hacia una pared y una lápida. Apunta a la lápida*].
¿Soy *yo* aquel hombre con el que esos macabros parásitos[2] se regodeaban? (*Hace una pausa*). Antes de acercarme a la lápida que señalas, respóndeme una pregunta. ¿Son estas las sombras de lo que va a suceder
10 o son sombras de lo que solo TAL VEZ suceda?
[FUTURO *apunta a la lápida.* MARLEY[3] *aparece iluminado en el* FONDO DEL ESCENARIO; *también señala la tumba. La tumba se adelanta y crece hasta alcanzar los diez pies de altura. Sobre ella, se lee:* EBENEZER SCROOGE. *De la tumba, sale mucho humo. Se escucha música de coro.* SCROOGE *está de pie y observa la tumba.* FUTURO *no responde con palabras humanas, pero señala la tumba una vez más. La lápida se ondula y resplandece. Suena música, que lo llama a* SCROOGE. SCROOGE *se tambalea del miedo*].

---

[1] **Cratchit:** la familia de Bob Cratchit, el empleado de Scrooge, a quien Scrooge maltrata y paga mal.
[2] **macabros parásitos:** personas que robaron las posesiones de Scrooge y las dividieron tras su muerte.
[3] **Marley:** el socio de Scrooge, muerto al momento de los sucesos. Aparece ante Scrooge como un fantasma.

LECTURA EN DETALLE Notas

"¡Espíritu! ¡Escúchame! No soy el hombre que era".

¡Oh, no, espíritu! ¡Oh, no, no!
[*El dedo de* FUTURO *todavía señala hacia abajo*].

20 ¡Espíritu! ¡Escúchame! No soy el hombre que era. Estos encuentros han hecho de mí un hombre diferente del que podría haber sido. ¿Por qué me muestras esto si ya no hay esperanzas para mí?
[FUTURO *se queda pensando en lo que dice* SCROOGE. *Le tiembla la mano*].
Oh, buen fantasma, veo que te tiembla la mano y que tu bondad intercede por mí y de mí se apiada. ¡Dime que todavía puedo cambiar las sombras que me mostraste si enmiendo mi vida!
[*Le tiembla la mano a* FUTURO; *ya no señala*].
Honraré la Navidad en mi corazón y trataré de mantener vivo su espíritu
30 todo el año. Viviré en el pasado, en el presente y en el futuro. Los espíritus de los tres me darán fuerza interior. No ignoraré las lecciones que me enseñan. ¡Oh, dime que puedo borrar las letras de esta lápida!
[SCROOGE *hace un intento desesperado por tomar la mano de* FUTURO. *La toma firmemente por un momento, pero* FUTURO, *que es más fuerte que* SCROOGE, *se suelta de un tirón*. SCROOGE *está de rodillas e implora*].

4. **VOLVER A LEER Y COMENTAR** Vuelve a leer las líneas 1 a 28. Con algunos compañeros, forma un grupo pequeño. Comenta por qué Futuro deja de señalar la tumba.

5. **LEER** Mientras lees las líneas 28 a 42, continúa citando evidencia del texto.
   - Subraya la promesa que hace Scrooge.
   - Encierra en un círculo las acotaciones.
   - En el margen, anota lo que quiere Scrooge en las líneas 35 a 37.

Espíritu, querido Espíritu, ante ti imploro. Dame una señal de que todo es posible. Dame una señal de que no todo está perdido para mí. Oh, Espíritu, amable Espíritu, te lo suplico: dame una señal…

40 [FUTURO *colicuece*[4], lentamente, poco a poco. Con gracia, la capucha y la túnica del FANTASMA caen al suelo y forman una pequeña pila. Se escucha música. No hay nada dentro de las vestiduras. Son vestiduras mortales. El ESPÍRITU está en otra parte. SCROOGE recibió su señal. Ahora está solo. Cuadro vivo. Las luces se van apagando hacia el fondo].

[4] **colicuecer:** derretirse, disolverse.

6. **◀ VOLVER A LEER** Vuelve a leer las líneas 33 a 36. ¿Qué revelan las acotaciones sobre las emociones de Scrooge? Cita evidencia del texto en tu respuesta.

RESPUESTA BREVE

Citar evidencia del texto ¿En qué se diferencia la experiencia de leer la adaptación teatral de *Cuento de Navidad* de la de leer la historia original? Analiza elementos tales como las acotaciones y el diálogo. Usa las notas que tomaste durante la lectura y asegúrate de **citar evidencia del texto** en tu respuesta.

LECTURA EN DETALLE
Notas

7. **LEER ▶** Mientras lees esta página, comienza a reunir y citar evidencia del texto.

   - Encierra en un círculo ejemplos de las expresiones faciales de Scrooge.
   - Encierra en un círculo fragmentos de texto que muestren que Scrooge trata de convencer al espíritu o influir sobre él.
   - En el margen, explica qué quiere Scrooge que responda el espíritu.

de Cuento de Navidad
Novela gráfica de Marvel Comics

8. **◀ VOLVER A LEER** ¿Qué te indican las expresiones faciales de Scrooge sobre lo que siente respecto del fantasma de la Navidad futura?

_____
_____

9. **LEER** Mientras lees esta página, continúa citando evidencia del texto.
   - Encierra en un círculo lo que ve Scrooge sobre la lápida.
   - Encierra en un círculo los fragmentos del texto que revelan que Scrooge quiere cambiar.
   - En el margen, explica qué sucede con el fantasma de la Navidad futura.

LECTURA EN DETALLE
Notas

10. ◀ **VOLVER A LEER Y COMENTAR** Con algunos compañeros, forma un grupo pequeño. Comenta qué expresó mejor el cambio de Scrooge: ¿el texto o las ilustraciones? Cita evidencia del texto en la conversación.

RESPUESTA BREVE

Citar evidencia del texto ¿Es más creíble el cambio de Scrooge en la novela, en la obra de teatro o en la novela gráfica? **Cita evidencia del texto** en tu respuesta.

_____
_____
_____
_____
_____

COLECCIÓN 3

La naturaleza en acción

COLECCIÓN 3
La naturaleza en acción

"Quienes viven… entre las bellezas y los misterios de la tierra nunca están solos o cansados de vivir".

—Rachel Carson

MEMORIAS
de Polar Dream (Sueño polar) — **Helen Thayer**

ENSAYO
El suroeste oculto:
Los cazadores de arcos — **James Vlahos**

Poemas sobre la naturaleza
POEMAS
Problemas con
 los huracanes — **Victor Hernández Cruz**
Plegaria al Pacífico — **Leslie Marmon Silko**
Tornado en Talladega — **Gwendolyn Brooks**

Biografía Helen Thayer *es una aventurera y exploradora condecorada. Entre sus logros, cuenta con ser la primera mujer que cruzó caminando el desierto del Sahara, navegar en kayak 1,200 millas a través de dos ríos del Amazonas y recorrer a pie 1,600 millas en el desierto de Gobi, en Asia. En 1988, a los 50 años de edad, se convirtió en la primera mujer que caminó y esquió en el Polo Norte sin la ayuda de una moto de nieve ni de un trineo. Escribió sobre su aventura en* Polar Dream (Sueño polar).

de Polar Dream (Sueño polar)

Memorias escritas por Helen Thayer

1. **LEER** Mientras lees las líneas 1 a 68, comienza a reunir y citar evidencia del texto.

   - Encierra en un círculo la metáfora de la segunda oración y explica su significado en el margen.
   - Subraya lo que usa Thayer para mantener el calor.
   - Escribe en el margen por qué es importante para Thayer mantenerse hidratada.

Me desperté a las 5:30 a. m. después de una noche agitada. Mis manos eran palos ampollados y me dolían cada vez que tocaba algo. Durante la noche, me habían salido enormes ampollas de sangre hasta la segunda articulación de cada dedo a excepción del meñique izquierdo, que por casualidad se había salvado del congelamiento. Sabía que no tenía que romperme las ampollas; de lo contrario, las manos iban a quedar en carne viva e iban a sangrar. Iba a ser mejor que usara los guantes gruesos siempre que pudiera, aunque me entorpecieran. Pensé en la mañana anterior. Recordé la locura que fue volver a empacar todo 10 el equipo en el trineo, las partes que fueron a parar a cualquier sitio porque yo no quería molestar a nadie. Decidí que lo hecho, hecho está. A veces uno aprende su lección por las malas y, además, si aquel iba a ser el único problema de toda la expedición, entonces podía considerarme afortunada.

LECTURA EN DETALLE — Notas

Me estiré. Despacio y con dolor, abrí el cierre de la tienda e inspeccioné el nuevo día. Estaba igual que ayer, aunque no había tanto viento. Observé el cielo frío y celeste; soplaba un ligero viento norte. Otro hermoso día en el Ártico. Charlie se había despertado y miraba su cuenco vacío. Me arrastré y salí de mi bolsa de dormir; mientras me ponía el abrigo rápidamente, golpeé sin querer el techo escarchado de la tienda y causé una pequeña tormenta de nieve. Normalmente, tengo buen humor por la mañana pero, entre el frío intenso, la escarcha que me había caído por el cuello y las manos que me dolían, aquella mañana no pintaba nada bien. Pero era hora de saludar a Charlie y empezar el día.

Mientras salía de la tienda, con las botas térmicas de campamento color azul todavía puestas, miré el termómetro: menos 41 grados. Observé si había osos o huellas y no vi ninguna de las dos cosas, pero me sorprendió ver que los bloques dentados y las cimas de hielo de la costa terminaban apenas a cien pies de mi tienda. Bajo la tenue luz de la noche anterior, parecía que estaba por lo menos a cuatrocientas yardas de la costa de hielo más cercana. Fue mi primera lección sobre la **taimada** naturaleza de la cambiante luz del Ártico y el modo en que afecta la percepción de la profundidad.

Atado a su correa, Charlie saltaba arriba y abajo; tenía aspecto de haber descansado bien. Le di un abrazo de buenos días, y él me limpió la cara con un suave lengüetazo. Llené el cuenco con lo que parecía una libra de comida de perro, y Charlie arremetió con entusiasmo.

Ahora, mi estufa. Tenía encenderla esa mañana. Necesitaba agua para el próximo trayecto del viaje y con un desayuno caliente iba a empezar bien el día. Con cuidado, me puse un par de guantes de lana arriba de los cobertores, y a regañadientes hice que mis pobres dedos quejumbrosos empujaran el tubo de la estufa dentro de la botella de combustible. Un éxito. Encendí la estufa, puse nieve y hielo en la olla de dos cuartos y en unos segundos tenía agua caliente. Para ahorrar combustible, calenté el agua hasta que alcanzó una temperatura a la que todavía podía meter un dedo.

Eran apenas las seis de la mañana, así que decidí tomar con calma el desayuno, que constaba de un tazón con cereales, leche en polvo, hojuelas de coco, pasas y manteca mezclados con agua caliente. Me senté en el trineo a disfrutar del efecto de mi primer desayuno de la expedición, solo para descubrir a la tercera cucharada que estaba todo congelado. ¡Adiós a desayunar con calma! Agregué más agua caliente y comí el resto lo más rápido que pude. Luego, derretí suficiente agua para llenar dos termos con agua y carbohidratos en polvo.

El aire seco del Ártico tiene poca humedad y hace que el cuerpo se deshidrate enseguida, lo cual, a su vez, causa fatiga y reduce la capacidad de mantener la temperatura corporal, así que el líquido es tan importante como la comida a la hora de tener reservas de energía. Puse mi ración diaria de galletas, castañas, nueces y mantequilla de maní dentro de la bolsa de comida del día junto con los dos termos, y luego guardé la bolsa en la parte delantera del trineo. Después, recordé la debilidad de Charlie por las galletas, y agregué algunas más.

Por último, faltaba empacar la tienda. Estaba completamente **absorta** tratando de encontrar el modo de desenroscar las estacas del hielo sin que mis manos protestaran a gritos cuando, de repente, escuché un aullido largo y profundo que salía de la garganta de Charlie. En una milésima de segundo lo miré y miré en la dirección en que él miraba. Sabía lo que iba a ver antes de verlo. ¡Un oso polar!

Era una osa seguida por dos oseznos que venían de la isla de Bathurst[1], lentos, decididos, atravesando la costa irregular de hielo en mi dirección. Estaban a doscientas yardas. Con el corazón en la boca, agarré el rifle y la pistola de bengala y di unos pasos al costado en dirección a Charlie, que gruñía tan ferozmente que me dejaba sin aliento. Sin sacarle los ojos de encima a la osa, desaté a Charlie de la estaca de hielo y, otra vez, caminé hacia un costado y lo llevé hasta el trineo; allí lo enganché en una soga atada. La osa, ahora a 150 yardas, no se detenía. Los oseznos se habían quedado atrás, pero ella avanzaba a paso constante y medido mientras yo trataba desesperadamente de recordar todo lo que me habían dicho los inuit[2]. Haz contacto visual todo el tiempo, muévete de costado o apenas hacia delante, nunca para atrás, mantén la calma, no te

absorto:

---
[1] **isla de Bathurst:** isla deshabitada que forma parte del archipiélago ártico canadiense.
[2] **inuit:** pueblo que pertenece a la familia esquimal y que vive en el Ártico canadiense.

2. **◀ VOLVER A LEER Y COMENTAR** Vuelve a leer las líneas 63 a 68. Con algunos compañeros, forma un grupo pequeño. Comenta si Thayer parece estar preparada para la situación.

3. **LEER ▶** Mientras lees las líneas 69 a 111, continúa citando evidencia del texto.
   - Subraya qué le habían dicho a Thayer que debía hacer si se encontraba con un oso polar.
   - Encierra en un círculo el lenguaje figurado que describe cómo se siente Thayer durante el encuentro con la osa polar.
   - En el margen, explica qué transmite el lenguaje figurado sobre Thayer.

LECTURA EN DETALLE
Notas

> "No lastimes a un oso, será más peligroso así,..."

muestres temerosa, permanece al costado de la tienda, el trineo o un objeto contundente para que tus cinco pies y tres pulgadas de estatura aparenten más. No dispares a menos que debas hacerlo. No lastimes a un oso, será más peligroso así, y nunca corras. Mientras me repetía "tranquila, tranquila", tiré un disparo de advertencia hacia la izquierda de la osa. La fuerte explosión no surtió ningún efecto. La osa seguía viniendo hacia mí. Disparé una bengala, que aterrizó apenas hacia su derecha. Movió la cabeza ligeramente en dirección a la bengala pero no se detuvo. Volví a disparar otra bengala, pero esta vez cayó justo frente a la osa. Se detuvo, observó el destello que se consumía, rojo brillante sobre blanco nieve, y me miró. Ahora estaba a cien pies de distancia.

En ese momento, tenía los nervios de punta y se me oían los latidos del corazón desde el campamento base. La osa comenzó a esquivar la bengala, y volví a disparar otra bengala a dos pies por delante de ella. Otra vez se detuvo, miró la bengala y después me miró a mí. Después, puso los ojos pequeños y negros en Charlie, que tiraba de la correa, sacudiéndose y gruñendo mientras trataba de alcanzarla. Miró a sus oseznos. Yo podía percibir su preocupación por el acto de **rabia** y los gruñidos de Charlie, y por sus oseznos. Esperó que se le acercaran, después se movió hacia mi izquierda en una media luna. A pesar de que me dolían los dedos, disparé dos bengalas, una detrás de otra, rápidamente, tratando de marcar una línea de separación entre ella y yo. Se detuvo; luego, se movió hacia mi derecha. Disparé dos bengalas más y volvió a detenerse. Parecía querer cruzar la línea de bengalas pero no estaba segura de cuál iba a ser el resultado y de qué iba a hacer Charlie, así que decidió quedarse donde estaba. Seguía moviéndose hacia la derecha, formando otra media luna; todavía estaba a cien pies de distancia. Finalmente, echó una última y larga mirada, y se fue hacia el

rabia:

norte con sus dos oseznos al trote detrás de ella, con sus pieles, blancas
110 como la nieve, que contrastaban con la de su mamá, color amarillo
crema, apagado.

Todo el episodio duró quince minutos, pero pareció una eternidad.
Yo era un manojo de nervios. Me temblaban las manos mientras estaba
de pie con el rifle y la pistola de bengalas y miraba al trío que se alejaba
hacia el norte. Pero, a pesar del miedo paralizante del que todavía era
presa, sentí muy en lo profundo una gran satisfacción. Ahora sabía que
podía enfrentarme a un oso en la naturaleza, estar tranquila para poder
reaccionar y recordar las sabias palabras de los inuit. Con la ayuda de
Charlie, había aprobado mi primera prueba. La osa se había acercado de
120 una manera completamente sigilosa y me había cercado con sus gruesas
patas acolchadas con piel. Estaba agradecida por el aviso de Charlie.
Ahora ya no gruñía, pero todavía estaba rígido y miraba a los osos que
zigzagueaban, entraban y salían del hielo desigual en busca de las focas
que vivían en las frías aguas debajo del hielo. Casi ni notó el enorme
abrazo que le di. Todavía estaba en guardia.

Los osos estaban apenas a unas cuatrocientas yardas, pero decidí
seguir empacando la tienda y seguir en movimiento para mantener la
temperatura corporal, sin sacarles los ojos de encima. Me estaba dando
frío. El miedo y la adrenalina me habían mantenido caliente, pero había
130 empezado a temblar. Terminé de empacar y me quedé calentándome
hasta las diez, hasta estar segura de que los osos habían desaparecido y
no estaban dando círculos y esperándome. Si me alejaba de la costa y

4. **VOLVER A LEER** Vuelve a leer las líneas 69 a 91. La escritora podría haber usado muchas oraciones breves para contar las advertencias que recibió. ¿Qué efecto tiene que cuente todas las advertencias que recibió en tres oraciones?

_____
_____
_____
_____

5. **LEER** Mientras lees las líneas 112 a 139, continúa citando evidencia del texto.

- Subraya las emociones de Thayer después de que se va la osa polar.
- Haz notas en el margen sobre por qué Thayer se siente agradecida con Charlie.
- Encierra en un círculo las palabras que describen a la osa polar.

LECTURA EN DETALLE Notas

evitaba el hielo desigual, esperaba compensar el tiempo perdido. Pero, aunque me puse en movimiento, seguía pensando en los osos. Por más miedo que me hubiera dado, había sido un placer ver a una osa con sus oseznos en su hábitat natural. Ella nunca me tuvo miedo, era poderosa y peligrosa, y aún así, elegante. Era una madre tierna y devota al cuidado de sus oseznos.

6. **VOLVER A LEER** Vuelve a leer las líneas 112 a 139. ¿Cómo expresa la autora con la elección de palabras específicas que esta experiencia fue importante para ella? Justifica tu respuesta con evidencia explícita del texto.

_____
_____
_____
_____

RESPUESTA BREVE

Citar evidencia del texto Analiza la manera en que Thayer usa un estilo particular para dar sentido a los sucesos del texto. Incluye ejemplos de palabras y frases tal y como se usan en el texto, como lenguaje figurado o elección de palabras específicas. Asegúrate de revisar las notas que hayas tomado durante la lectura y **cita evidencia del texto** en tu respuesta.

_____
_____
_____
_____
_____
_____

Contexto El Parque Nacional Tierra de Cañones (en inglés, Canyonlands National Park), ubicado en el sureste de Utah, tiene un sinfín de cañones, mesetas, colinas y otras curiosas formaciones rocosas creadas por los ríos Colorado y Green. El ensayista ambiental Edward Abbey describió el parque como "el lugar más extraño, increíble y mágico del mundo. No hay otro lugar así sobre la faz de la Tierra". En este ensayo, descubrirás la razón por la que un selecto grupo de aventureros vienen a explorar el parque.

El suroeste oculto:
Los cazadores de arcos

Ensayo escrito por James Vlahos

1. **LEER** Mientras lees las líneas 1 a 23, comienza a reunir y citar evidencia del texto.

   - Encierra en un círculo el enunciado que se repite en las líneas 1 a 10.
   - En el margen, escribe con tus propias palabras la idea central (o principal) que expresan los enunciados que se repiten.
   - Subraya los detalles de apoyo de las líneas 1 a 23 que desarrollan la idea central.

LECTURA EN DETALLE Notas

El arco de piedra no está. Está por aquí en alguna parte, pero podría estar en cualquier lugar; buscamos toda la mañana y no llegamos a ningún lado. Me abrí paso con el pico entre las rocas y los enebros enmarañados, llegué al ondulante borde de una meseta alta y me asomé hacia abajo. Se me hizo un nudo en el estómago.

Esta parte del Parque Nacional Tierra de Cañones se conoce como el "distrito de las agujas", un nombre que le queda chico a la hora de describir el caos de piedra lisa que hace erupción desde el valle. Hay bultos, gotas, torres y aletas, una colección de todas las formas de roca esculpida, menos la
10 que estamos buscando. El arco no está.

Dos hombres me acompañan en la inspección. El primero lleva una camisa escocesa metida adentro del pantalón Levi's de color azul. **Curtido** por el sol, con largas extremidades y sin grasa corporal, se acerca ágilmente al precipicio.

curtido:

—¿Hablaste con Alex Ranney? —pregunta.

—Así es —responde el segundo hombre. Vestido con una camisa de color caqui, un pantalón corto y unos anteojos de sol espejados, parece un refugiado de un circuito por Kalahari.

—¿Te dio más pistas? —pregunta la camisa escocesa.

20 —No, Ranney estuvo muy elusivo —respondieron los anteojos de sol.

—La boca cerrada.

—Por completo. Dijo: "Quiero que lo encuentren ustedes mismos y tengan la satisfacción del descubrimiento".

La formación rocosa que buscamos es un arco cuádruple conocido como el "crucero de batalla klingon". La primera vez que lo vieron fue en 1994, y fue Ranney, un explorador de cañones de Tucson, Arizona. No figura en ningún mapa ni plano de senderos del parque; es probable que lo hayan visto unas diez personas en total en la historia del parque. Tom Budlong (camisa escocesa) y Tom Van Bebber (anteojos de sol) se mueren

30 por agregar sus nombres a la lista. Estos no son turistas casuales. En realidad, son cazadores de arcos.

En el Oeste de los Estados Unidos, hay pocas vistas más célebres, por no decir icónicas, que el arco de piedra natural. Los arcos han sorprendido a muchas generaciones de viajeros del desierto, desde Teddy Roosevelt, quien acampó debajo del Puente del Arcoíris en 1913, hasta Edward Abbey, que los **veneró** tan memorablemente en *Desert Solitaire (Solitario del desierto)*. Los arcos estadounidenses son maravillas reconocidas mundialmente y están a la par del géiser Old Faithful (Viejo Fiel) o el Half Dome, formas grabadas en la memoria colectiva tras un sinnúmero de fotografías y películas.

40 Una piedra no debería salir volando por los aires; cuando así lo hace, desafiando todas las leyes físicas conocidas, la gente se da cuenta. El Parque Nacional de los Arcos (en inglés, Arches National Park), el depósito de arcos más famoso de los Estados Unidos, atrae cada año a unos 800,000 visitantes de todas partes del mundo. Sin embargo, a pesar de ser una atracción tan

venerar:

2. **◀ VOLVER A LEER** Vuelve a leer las líneas 1 a 23. Usa la idea central y los detalles de apoyo para escribir un resumen de los primeros dos párrafos.

_____

3. **LEER ▶** Mientras lees las líneas 24 a 48, continúa citando evidencia del texto.
   • Encierra en un círculo la razón específica por la que los cazadores de arcos están en el parque.
   • Subraya los detalles que sugieren que un arco de piedra es una vista extraordinaria.

LECTURA EN DETALLE
Notas

obvia, solo unos pocos contemplan la posibilidad de buscar por fuera de los límites del parque, aun cuando la Meseta del Colorado tiene la mayor densidad de arcos de piedra del mundo. Hay por lo menos 2,000 arcos de piedra desparramados por los estados de las Cuatro Esquinas.

Budlong y Van Bebber pertenecen al club de cazadores de arcos más **preeminente** del mundo, aunque tal vez sea el único que exista: la Sociedad de Arcos y Puentes Naturales (NABS, por su sigla en inglés). Sus 110 miembros recorren el mundo en avión, barco, 4x4 y a pie. Patrullan las islas antárticas, las playas de Argelia y los cañones del suroeste de los Estados Unidos. Verdaderos exploradores, viven para el momento del descubrimiento: dar la vuelta a un cañón y ver el milagro de una pieza de ingeniería natural que tal vez nadie más en el mundo consiguió ver.

En el caso del crucero de batalla klingon, la revelación se está haciendo desear. Van Bebber me invitó a una semana de caza de arcos con la esperanza de que me contagiara. Pero no tenemos un comienzo muy alentador. Estudia un mapa, se rasca la barbilla y suspira: "Probablemente está justo debajo de nosotros".

Dejo que los dos estudien sus mapas y me voy caminando varios cientos de yardas por el borde. Miro hacia abajo y veo una extensión de piedra parda y rojiza; es entonces que me doy cuenta de que estoy mirando *a través* del arco, a través de una enorme ventana, hacia unos puntos verdes que son árboles en el valle de abajo. Cerca, veo tres **portales** adicionales. "¡Por aquí!", grito.

Bajo con cuidado por el borde del cañón, doy un paso hasta alcanzar la parte superior del arco y siento un remolino de vértigo. Cuando el vértigo se va, doy un segundo paso, después, un tercer paso, siguiendo una pasarela de piedras que se adentra en el cielo azul. Cuando llego a la punta, roto lentamente y doy un giro de 360 grados, con la base del cañón justo debajo de mí, a cientos de pies.

En todo el mundo, hay decenas de miles de arcos y, probablemente, no hay mejor lugar para que se formen que la Meseta del Colorado. La arenisca

preeminente:

portal:

4. **VOLVER A LEER Y COMENTAR** Vuelve a leer las líneas 24 a 48. Con algunos compañeros, forma un grupo pequeño. Comenta las razones por las que los aventureros buscan arcos de piedra.

5. **LEER** Mientras lees las líneas 49 a 96, continúa citando evidencia del texto.
   - En el margen, parafrasea la razón por la cual el escritor dice que Budlong y Van Bebber son verdaderos exploradores.
   - Encierra en un círculo las oraciones que demuestran que el narrador encontró el arco.
   - Subraya las oraciones de las líneas 81 a 96 que revelan un descubrimiento inesperado.

LECTURA EN DETALLE
Notas

es porosa y erosiva. Los estratos geológicos se ordenan de tal manera que las capas más duras están por encima de las capas más débiles; las piedras más suaves se erosionan desde abajo y forman un arco arriba. Y, por último, la meseta está en el medio de una rápida elevación geológica. Las paredes del
80 acantilado empujan hacia arriba mientras que los ríos y las aguas de deshielo esculpen la piedra más rápido y más profundo. Las fuerzas opuestas producen las aletas y las grietas críticas.

ondulante:

Un día después de encontrar el crucero de batalla klingon, estoy al pie de una masa **ondulante** de piedra lisa, una escalera natural de estrechos peldaños y pendientes ladeadas. Uso las palmas de las manos extendidas de Van Bebber como necesario punto de apoyo en la piedra y me subo con dificultad a la primera saliente. Después de caminar hasta dar con un pasaje de ángulo bajo, me trepo al próximo nivel de la escalera, y al próximo. A unos pocos cientos de yardas en subida se encuentra mi objetivo: el enorme
90 portal triangular del Cleft Arch (Arco hendido). Sin embargo, la única ruta visible en dirección ascendente a los escalones cuarto y quinto es demasiado pronunciada. Frustrado, sigo por la saliente en dirección sur, doy vuelta una esquina y descubro algo sorprendente. Debajo de una saliente, invisible hasta que estoy por encima, se encuentran unas ruinas anasazi donde hay tres paredes bien preservadas de piedras apiladas. La caza de arcos, según estoy aprendiendo, suele ofrecer mucho más que arcos de piedra.

6. ◀ **VOLVER A LEER** Vuelve a leer las líneas 75 a 82. En el margen, explica la conexión de causa y efecto que existe entre los sucesos de estas líneas.

RESPUESTA BREVE

Citar evidencia del texto ¿Cuál es la idea central del ensayo? Considera los detalles importantes que el escritor da sobre los arcos de piedra en el texto. Repasa las notas que tomaste durante la lectura y **cita evidencia del texto** en tu respuesta.

_____
_____
_____
_____
_____

Contexto La naturaleza ha sido una fuente de inspiración para poetas y escritores durante miles de años. Sea un tranquilo atardecer sobre el mar o el alarmante sonido de un trueno durante una tormenta eléctrica, la naturaleza puede excitar los sentidos y la imaginación de todos. Los siguientes tres poemas ofrecen diferentes miradas sobre tres aspectos de la naturaleza.

Poemas sobre la naturaleza

Problemas con los huracanes . . . Victor Hernández Cruz
Plegaria al Pacífico . . . . Leslie Marmon Silko
Tornado en Talladega . . . . Gwendolyn Brooks

Victor Hernández Cruz *nació en Puerto Rico en 1949. Cuando tenía cinco años, su familia se mudó a la ciudad de Nueva York. Comenzó a escribir a los 15 años de edad. Sus poemas vívidos y muchas veces humorísticos reflejan su herencia bilingüe y bicultural. Cruz es autor de numerosas colecciones de poemas y ha recibido muchos premios.*

Leslie Marmon Silko *nació en Albuquerque, Nuevo México, en 1948. Creció en la reserva de los laguna pueblo. Su ascendencia mixta (laguna pueblo, mexicana y caucásica) le causó mucho dolor ante la discriminación de las comunidades indígena y blanca. Escribió historias que exploran cómo se pueden reconciliar las diferencias.*

Gwendolyn Brooks *nació en Kansas en 1917, pero creció en Chicago. Publicó su primer poema cuando tenía 14 años. Cuando tenía 17, ya se habían publicado cerca de cien poemas suyos en una columna de poesía del periódico* Chicago Defender. *Fue la primera escritora afroamericana que ganó el Premio Pulitzer.*

LECTURA EN DETALLE
Notas

1. **LEER** ▶ Mientras lees "Problemas con los huracanes", reúne y cita evidencia del texto.

   • En la primera estrofa, subraya lo que dice el campesino que le preocupa.
   • Encierra en un círculo las palabras que usa el campesino para evaluar las diferentes maneras de morir. En el margen, anota la distinción que hace.
   • En el margen, escribe por qué el campesino dice que hay que preocuparse por "todas esas cosas bellas y dulces" (versos 34 y 35).

Problemas con los huracanes
por Victor Hernández Cruz

Un campesino miró al cielo
Y me dijo:
Con los huracanes, no es el viento
ni el ruido ni el agua.
5   Escúcheme bien, me dijo:
son los mangos, los aguacates
Los plátanos verdes, las bananas,
que vuelan por la ciudad como **proyectiles**.

¿Cómo se sentiría su familia
10 si tuvieran que decir
a las generaciones venideras
que lo mató
una banana voladora?

Morir ahogado tiene honor
15 Si el viento te levanta
y te estampa
Contra una montaña
No sería vergonzoso
Pero
20 que un mango te estampe
El cráneo
o un plátano te dé
En la sien a 70 millas por hora
es la peor de las desgracias.

proyectil:

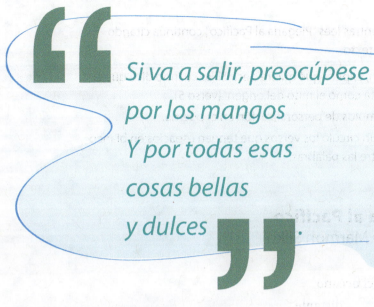

"*Si va a salir, preocúpese por los mangos Y por todas esas cosas bellas y dulces*"

25 El campesino se saca el sombrero...
    En señal de respeto
    ante el viento y su furia
    Y dice:
    No se preocupe por el ruido
30 No se preocupe por el agua
    No se preocupe por el viento...
    Si va a salir
    preocúpese por los mangos
    Y por todas esas cosas bellas
35 y dulces.

2. ◀ VOLVER A LEER Vuelve a leer el poema. ¿Qué sugiere el narrador del poema sobre la naturaleza en los versos 32 a 35? ¿Qué mensaje más amplio sobre la vida podría estar dando?

_____
_____
_____
_____
_____
_____
_____

LECTURA EN DETALLE Notas

3. **LEER** Mientras lees "Plegaria al Pacífico", continúa citando evidencia del texto.

- En el margen, explica qué quiere decir Silko cuando dice que el agua es "vasta como el mito del origen" (verso 5).
- Subraya ejemplos de personificación en el poema.
- Encierra en un círculo los versos que tengan espacios en blanco extensos entre las palabras.

Plegaria al Pacífico
por Leslie Marmon Silko

Viajé hasta el océano
    distante
        desde las tierras del suroeste, de arenisca
      hasta el agua azul, movediza
5   Vasta como el mito del origen.

Pálida
pálida agua a la luz amarilla y blanca del
    sol   que flota al oeste
      hasta China
10   donde nació el mismo océano.
Las nubes que soplan por la arena están húmedas.

Agáchate en la arena mojada y háblale al Océano:
   Te devuelvo   turquesa   los corales rojos que nos enviaste,
    espíritu hermano de la Tierra.
15   Cuatro piedras redondas en mi bolsillo   traigo el océano
    para chupar y saborear.

Hace treinta mil años
   Los indios vinieron cabalgando por el océano
     encima de gigantes tortugas marinas.
20 Las olas eran altas ese día
    grandes tortugas marinas   despacio llegaban
      desde el mar gris anochecido.
El abuelo tortugo se revolcó en la arena   cuatro veces
   y desapareció
25   nadando hacia el sol.

Y entonces   desde tiempos
inmemoriales,
            como dicen los mayores,
  las nubes de lluvia vienen del oeste
30   regalo del océano.
   Hojas verdes al viento
   Tierra mojada a mis pies
        trago claras gotas de lluvia
                que llegan de China.

inmemorial:

4. **VOLVER A LEER** Vuelve a leer el poema y observa los versos que encerraste en un círculo. ¿Cuál es el efecto de separar las palabras dentro de un mismo verso? ¿Cómo contribuye con el sentido del poema? Justifica tu respuesta con evidencia explícita del texto.

_____
_____
_____
_____
_____
_____

LECTURA EN DETALLE
Notas

5. **LEER** ▶ Mientras lees "Tornado en Talladega", continúa citando evidencia del texto.
   - Subraya ejemplos de personificación en el poema.
   - Encierra en un círculo ejemplos de repetición.

Tornado en Talladega
por Gwendolyn Brooks

¿Quién es ese pájaro
que informa sobre la tormenta?
después de Lo Que pasó
a hacer la jardinería.

5   Algunos árboles
sobresalen por la ruta.
No son importantes ahora.
Ya no pueden replicar.
Ni uno solo de ellos, los perplejos,
10 puede declarar ya: "¡Qué magnífico soy!"
Aquí, raíces, **cólera**, orígenes expuestos,
por este desparramo de hojas y de ramas aparecen,
mudos, avergonzados, vencidos.

Pasó todo de repente.

15 Algunos hombres y mujeres y niños
salen a ver.

cólera:

6. ◀ **VOLVER A LEER Y COMENTAR** Vuelve a leer el poema. Con algunos compañeros, forma un grupo pequeño. Comenta el modo en que la personificación cambia tu percepción sobre los árboles.

RESPUESTA BREVE

Citar evidencia del texto ¿Cómo se presenta la naturaleza en cada uno de estos poemas? Repasa las notas que tomaste durante la lectura y **cita evidencia del texto** en tu respuesta.

_____
_____
_____
_____

COLECCIÓN 4

El riesgo y la exploración

COLECCIÓN 4
El riesgo y la exploración

"Todas las aventuras, especialmente las que se adentran en nuevos territorios, dan miedo".

—Sally Ride

ENSAYO EN LÍNEA
¿Vale la pena explorar el espacio?
Joan Vernikos

ARTÍCULO PERIODÍSTICO
Las picaduras y los tentáculos que dejan entrever el deterioro de los océanos
Elisabeth Rosenthal

Contexto *En 1981, la NASA envió a un grupo de astronautas estadounidenses al espacio exterior en el marco del Programa del Transbordador Espacial. Sin embargo, debido a los recortes de presupuesto, la NASA debió interrumpir el programa en 2011. Desde hace algunos años, los científicos y los economistas debaten si la NASA debe realizar viajes tripulados al espacio en el futuro. Como directora de la División de Ciencias de la Vida de la NASA, la* **Dra. Joan Vernikos** *estudió los efectos dañinos de la ingravidez en los astronautas.*

¿Vale la pena explorar el espacio?

Ensayo en línea escrito por Joan Vernikos

1. **LEER** Mientras lees las líneas 1 a 34, comienza a reunir y citar evidencia del texto.
   - Encierra en un círculo la pregunta del comienzo del ensayo.
   - En el margen, explica lo que dice Vernikos sobre el espíritu humano en las líneas 6 a 8.
   - Luego, subraya la idea principal de cada uno de los dos párrafos siguientes.

¿Por qué explorar? Cuando le preguntaron al alpinista inglés George Mallory por qué seguía tratando de escalar el Everest, dicen que respondió: "Porque el Everest estaba allí". La exploración es esencial a nuestra naturaleza. Es la competencia entre el hombre y la naturaleza mezclada con el deseo primitivo de conquistar. Alimenta la curiosidad, la inspiración y la creatividad. El espíritu humano busca descubrir lo **ignoto** y, mientras lo hace, explora el potencial físico y psicológico de la resistencia del ser humano.

10 Siempre hubo aventureros dispuestos a correr riesgos para que los demás los sigamos. Gracias a los primeros pioneros, es normal que hoy viajemos por los aires, y estamos muy cerca de que viajar al espacio sea igual de normal. Los beneficios económicos y sociales no se ven inmediatamente, pero siempre aparecen, así como nuestra comprensión

ignoto:

63

LECTURA EN DETALLE
Notas

del potencial humano para sortear desafíos. Cincuenta años después del Sputnik[1], el espacio sigue siendo la próxima frontera.

Gracias a la tecnología robótica, como las misiones no tripuladas, las sondas espaciales, los observatorios y los módulos de descenso, es posible explorar el espacio sin arriesgar vidas humanas. Esta tecnología prepara el terreno y hace la exploración. Pero, como solía decir el ex astronauta
20 Thomas Jones: "solo un ser humano puede experimentar lo que se siente al estar en el espacio y solo un ser humano puede transmitírselo a los demás". Son los seres humanos los que reparan el telescopio Hubble[2]. Son los seres humanos los que hacen el mantenimiento de la Estación Espacial Internacional (EEI). Los astronautas del Proyecto *Mercury* fueron los primeros en fotografiar la Tierra con cámaras de mano. Los científicos terrestres en órbita en la EEI pueden observar aspectos del cambio global que solo un ojo entrenado consigue ver. Además, estudiar a los astronautas en la microgravedad del espacio es el único medio de comprender cómo influye la gravedad en el desarrollo y la salud de los seres humanos aquí en
30 la Tierra. Es muy probable que, en este siglo, los seres humanos nos asentemos en otros planetas. Nuestra capacidad de explorar y sustentar la presencia humana allí no solo expandirá el acceso a recursos minerales sino que, de surgir la necesidad, proporcionará hábitats alternativos para la supervivencia de la humanidad.

---

[1] **Sputnik:** La Unión Soviética puso en órbita alrededor de la Tierra al primer satélite artificial del mundo el 4 de octubre de 1957. Su lanzamiento marcó el comienzo de la era espacial.
[2] **telescopio Hubble:** telescopio espacial lanzado en abril de 1990 por los Estados Unidos. El telescopio Hubble orbita alrededor de la Tierra y provee de imágenes claras para el estudio astronómico. Su nombre viene del astrónomo Edwin Powell Hubble.

---

2. **VOLVER A LEER** Vuelve a leer las líneas 16 a 34. Encierra en un círculo la palabra *humanos* y sus variaciones cada vez que se usan en este párrafo. ¿Qué idea enfatiza Vernikos cuando repite esta palabra? ¿Qué punto de vista opuesto refuta?

_____
_____
_____
_____

3. **LEER** Mientras lees las líneas 35 a 60, continúa citando evidencia del texto.
   • Encierra en un círculo las preguntas al comienzo del primer párrafo.
   • Subraya la afirmación que hace Vernikos sobre los beneficios de la exploración espacial en las líneas 35 a 51.
   • Subraya la afirmación de las líneas 52 a 59 y parafraséala en el margen.

La astronauta Susan L. Still en el módulo del laboratorio espacial Spacelab durante una misión a bordo del transbordador espacial Columbia.

¿Vale la pena? ¿Hay un precio que debemos pagar por la inspiración y la creatividad? Los beneficios económicos, científicos y tecnológicos de la exploración espacial superan con creces la inversión. 43 países del mundo tienen sus propios satélites de observación o comunicación en la órbita terrestre. La observación de la Tierra proporciona datos de G.P.S.[3], 40 pronósticos meteorológicos, predicciones para el control de huracanes y otras catástrofes naturales, y datos para el monitoreo global del medio ambiente, así como también para la vigilancia y la **inteligencia**. Las comunicaciones satelitales cambiaron el estilo de vida y las prácticas comerciales con las operaciones por computadora, los celulares, la banca global y la televisión. Gracias al estudio de la vida humana en la microgravedad[4] del espacio, comprendimos mejor la osteoporosis y los trastornos del equilibrio, y concebimos nuevos tratamientos. Dispositivos e instrumentos médicos como la mamografía digital, los procedimientos de biopsia de mama en pacientes externos y la aplicación de la telemedicina en 50 atención de emergencias son algunos de los beneficios económicos y sociales de la exploración tripulada que damos por sentado.

La exploración espacial no daña la economía; genera infinitamente más riqueza de la que gasta. Las regalías por las patentes y licencias de la NASA van directamente al Tesoro, no a la NASA. Creo que el Programa de Investigación de Ciencias de la Vida se podría mantener por sí mismo si recibiera el rendimiento de su inversión. La NASA hizo tanto con tan poco que suele suponerse que tiene un presupuesto enorme. En realidad, el

inteligencia:

---

[3] **G.P.S.:** sigla (en inglés) de Sistema de Posicionamiento Global, un sistema para determinar la posición de algo o alguien en la Tierra que se obtiene tras comparar las señales de radio recibidas de distintos satélites colocados en órbita por el Departamento de Defensa de los Estados Unidos.

[4] **microgravedad:** También llamada *gravedad cero* o *ingravidez*, la microgravedad es la ausencia casi absoluta de gravedad.

---

4. ◀ **VOLVER A LEER Y COMENTAR** Con algunos compañeros, forma un grupo pequeño. Comenta si la evidencia que cita Vernikos para defender los costos de la exploración espacial es suficiente (líneas 52 a 59). Cita evidencia del texto en la conversación.

5. **LEER** ▶ Lee las líneas 60 a 72. Subraya el punto de vista opuesto al que hace referencia Vernikos y vuelve a expresarlo en el margen.

legítimo:

presupuesto de 2007, US$16,300 millones, es una fracción mínima del total de US$13 billones del P.I.B.[5]

60 "¿Cuál es la prisa?" es una pregunta **legítima**. Como dijo el ex senador William Proxmire hace muchos años: "Marte no va a irse a ningún lado". ¿Por qué deberíamos asignar bajo presupuesto a la exploración espacial cuando siempre habrá intereses en conflicto? Sin embargo, como lo hicieron los programas *Mercury*, *Gemini* y *Apollo* hace 50 años, nuestro futuro liderazgo científico y tecnológico depende de avivar la creatividad de las generaciones jóvenes. Y nada mejor que la exploración espacial tripulada para llevar adelante esta tarea. Tenemos ahora una urgencia nacional para lograr que los intereses creativos de nuestra juventud se vuelquen a carreras de ciencia e ingeniería. Debemos mantener viva la

70 llama de la exploración espacial tripulada mientras China, Rusia, la India y otros países invierten y escalan posiciones, y así desafían el liderazgo espacial de los Estados Unidos.

---

[5] **P.I.B.**: sigla de Producto Interno Bruto, el valor de mercado total de todos los bienes y servicios que son producidos dentro de un país durante un período específico.

---

6. ◀ **VOLVER A LEER** Vuelve a leer las líneas 60 a 72 y continúa citando evidencia del texto.

- Subraya el contraargumento que Vernikos refuta.
- Luego, encierra en un círculo las partes de la evidencia que hallas más convincentes.
- Haz notas en el margen para justificar tus elecciones.

RESPUESTA BREVE

Citar evidencia del texto Explica si Vernikos te convenció o no de que explorar el espacio vale la pena. Repasa las notas que tomaste durante la lectura y evalúa la fortaleza y la racionalidad de las afirmaciones y la evidencia ofrecidas. Asegúrate de **citar evidencia del texto** en tu respuesta.

Biografía Elisabeth Rosenthal *(nacida en 1956) es doctora en medicina y una galardonada periodista. Antes de ser nombrada editora científica del* New York Times, *Rosenthal trabajó como periodista en Beijing, China, donde escribió artículos memorables sobre la salud en ese país. En este artículo, escribe sobre los bancos de medusas en las aguas de las costas de Barcelona, España, y explica qué nos dice su creciente número sobre la salud de los océanos del mundo.*

Las picaduras y los tentáculos que dejan entrever el deterioro de los océanos

Artículo periodístico escrito por Elisabeth Rosenthal

LECTURA EN DETALLE Notas

1. **LEER** Mientras lees las líneas 1 a 20, comienza a reunir y citar evidencia del texto.
   - Encierra en un círculo la idea central del tercer párrafo y subraya los detalles que la apoyan.
   - En el margen, vuelve a expresar la idea central de este párrafo.
   - Encierra en un círculo la idea central de las líneas 17 a 20 y parafrasea la idea en el margen.

3 de agosto de 2008

BARCELONA, España. Los botes de patrulla de color azul cruzan las áreas de nado de las playas del lugar con sus grandes redes al **ras** de la superficie del agua. Las banderas amarillas que indican precaución y las banderas rojas que prohíben nadar a causa de las corrientes peligrosas compiten ahora con las banderas azules que advierten sobre un nuevo peligro: los bancos de medusas.

En el transcurso de unas horas en un mismo día, hace ya un par de semanas, 300 personas que se encontraban en las bulliciosas playas de Barcelona tuvieron que ser atendidas por picaduras de medusas. 11 personas terminaron en el hospital.

De España a Nueva York, Australia, Japón y Hawái, las medusas son cada vez más numerosas y más comunes, y aparecen en lugares donde rara vez se las solía ver, según informan los científicos. Las merodeadoras sin cara pican a los niños que se bañan alegremente

67

LECTURA EN DETALLE
Notas

durante las vacaciones de verano, y así son las responsables de que se cierren algunas playas y las redes de pesca queden obstruidas.

La invasión de medusas es una molestia para los turistas y una penuria para los pescadores, pero para los científicos es una fuente de preocupación más grave, una señal del deterioro de la salud de los océanos del mundo.

20

"Estas medusas que aparecen cerca de la costa son un mensaje que nos manda el mar, que nos dice: 'Miren qué mal me están tratando'", dice el doctor Josep-María Gili, un importante experto en medusas, que las ha estudiado en el Instituto de Ciencias Marinas del Consejo Superior de Investigaciones Científicas de España, en Barcelona, por más de 20 años.

Esta eclosión de medusas, aseguran los científicos, es reflejo de la combinación de la severa sobrepesca de los depredadores naturales, como el atún, el tiburón y el pez espada, el aumento de la temperatura del mar, causado en parte por el calentamiento global, y la contaminación, que ha reducido el nivel de oxígeno en las aguas poco profundas de la costa.

30

pronunciado:

Estos problemas son **pronunciados** en el Mediterráneo, un mar que limita con más de una decena de países que dependen de él para el comercio y el esparcimiento. Si estos problemas no se controlan en el Mediterráneo y en otros sitios, la amenaza de los bancos de medusas que aparecen en las costas podría ser una alarmante visión de cómo serán los mares en el futuro.

"El problema de las playas es un problema social", asegura el doctor Gili, que habla con admiración de la "belleza" de la medusa globular.

---

2. **◀ VOLVER A LEER** Vuelve a leer las líneas 11 a 20. Repasa las ideas centrales de los dos párrafos y escribe un resumen del texto hasta ahora. Incluye detalles de apoyo esenciales.

_____
_____
_____
_____

3. **LEER ▶** Mientras lees las líneas 21 a 65, analiza el patrón de organización de causa y efecto.

• Encierra en un círculo las causas de los sucesos y subraya los efectos de cada causa.
• Haz notas en el margen sobre cómo uno o más sucesos, o causas, desencadenan uno o más de otros sucesos, o efectos.

"Debemos resolverlo por nuestra industria turística. Pero el gran problema no está en la playa, sino en el mar".

Las medusas, parientes de la anémona de mar y del coral, que en su mayoría son inofensivos, son las cucarachas de las aguas abiertas, los máximos exponentes de la supervivencia marítima, que prosperan en ambientes dañados, y eso es exactamente lo que están haciendo.

En el último año, se han cerrado playas a causa de los bancos de medusas en la Costa Azul de Francia, en la Gran Barrera de Coral de Australia y en Waikiki, en los Estados Unidos.

En Australia, más de 30,000 personas fueron atendidas por picaduras de medusa en el último año, el doble que en 2005. Según los científicos marinos, la medusa irukandji, especie rara pero mortal, se está expandiendo en las aguas cálidas de Australia.

Aunque no existe una buena base de datos mundial sobre las poblaciones de medusas, el creciente número de informes en todo el mundo convenció a los científicos de que la tendencia es real, es grave y está relacionada con el clima, si bien advierten que las poblaciones de medusas de cualquier lugar sufren variaciones de año a año.

"Los problemas causados por el ser humano, entre ellos, el calentamiento global y la sobrepesca, estimulan la proliferación de medusas en muchos destinos turísticos y en muchas pesqueras comerciales", según presenta el informe que publica este otoño la Fundación Nacional para la Ciencia, donde además se enumeran las áreas problemáticas: Australia, el golfo de México, Hawái, el mar Negro,

LECTURA EN DETALLE — Notas

4. **VOLVER A LEER** Vuelve a leer las afirmaciones del doctor Gili de las líneas 21 a 22 y 38 a 41. Parafrasea sus comentarios con tus propias palabras.

LECTURA EN DETALLE
Notas

> **Aunque parezcan salidas de una película de terror de clase B, las medusas difícilmente son agresivas**.

Namibia, Gran Bretaña, el Mediterráneo, el mar de Japón y el estuario del río Yangtsé.

En Barcelona, uno de los destinos turísticos más vibrantes de toda España, los funcionarios de la ciudad y la Agencia Catalana del Agua han comenzado a defenderse en un intento desesperado por garantizar la seguridad de los bañistas para que estos vuelvan al agua.

70 Cada mañana, con la ayuda del equipo del doctor Gili, los barcos monitorean los bancos de medusas, los vientos y las corrientes en alta mar para ver si las playas están bajo amenaza y si es necesario cerrarlas. También verifican si se deben recolectar medusas en las aguas cercanas a las playas. Casi 100 barcos están listos para ayudar en caso de una emergencia, según comenta Xavier Duran, de la Agencia del Agua. El sonido constante del teléfono celular del doctor Gili refleja su función virtual de centro de control y comando de medusas de España. Lo llaman de todos lados.

Los funcionarios de Santander y del País Vasco están muy
80 preocupados a causa de los frecuentes avistamientos de carabelas portuguesas que se registraron este año en la costa del Atlántico. Este tipo de medusas, que vive en aguas cálidas y suele ser **letal**, no solía verse anteriormente en esas regiones.

letal:

5. **LEER** ▶ Mientras lees las líneas 66 a 107, continúa citando evidencia del texto.

- En el margen, enumera las medidas que toma el doctor Gili para proteger las playas.
- Subraya los peligros que presentan las medusas para los seres humanos.

Más al sur, un barco pesquero de la región de Murcia llama para informar sobre el avistamiento en alta mar de un banco de *Pelagia noctiluca* —un tipo de medusa iridiscente de color púrpura cuya picadura es peligrosa— de más de una milla de largo. Un chef, con la supuesta intención de sacar algún provecho del deterioro de los océanos, quiere saber si la especie local era segura para cocinarla y comerla. Es muy poco lo que se conoce de las medusas, y el doctor Gili no puede asegurárselo.

En décadas previas, solo había problemas con las medusas durante un par de días cada algunos años; ahora la amenaza de las medusas es un dolor de cabeza para los funcionarios locales y aparece en las noticias de la tarde. "En los últimos años, la dinámica cambió completamente dado que la temperatura es un poco más cálida", agrega el doctor Gili.

Aunque parezcan salidas de una película de terror de clase B, las medusas difícilmente son agresivas. Flotan a merced de las corrientes. Cuando chocan contra algo caliente (por ejemplo, el cuerpo humano), descargan su veneno automáticamente por los aguijones de sus mantos, sus brazos o sus tentáculos largos y delgados, que pueden llegar a medir yardas de longitud.

Algunas medusas, como la carabela portuguesa o la avispa de mar, pueden ser mortales al contacto. La *Pelagia noctiluca*, común en el Mediterráneo, propina una dolorosa picadura y deja una herida que puede durar semanas, meses o años, según la persona y el tiempo en el que se mantuvo el contacto.

En el Mediterráneo, debido a la sobrepesca de grandes y pequeños peces, la medusa tiene poca competencia por el plancton, su alimento, y tiene menos depredadores. A diferencia de lo que sucede en Asia, donde

---

LECTURA EN DETALLE
Notas

6. **VOLVER A LEER Y COMENTAR** Vuelve a leer las líneas 70 a 96. Con algunos compañeros, forma un grupo pequeño. Evalúa el trabajo que realiza el equipo del doctor Gili para proteger las playas. ¿Es esta una solución del problema a largo plazo o a corto plazo? Cita evidencia del texto en la conversación.

7. **LEER** Mientras lees las líneas 108 a 130, continúa citando evidencia del texto.

   - Encierra en un círculo las ideas centrales atribuidas a Purcell y a Gili.
   - Luego, en el margen, resume lo que los dos expertos consideran como causas principales de la invasión de medusas.

manjar:

algunas medusas son comestibles, aquí no tienen ningún valor económico ni de **manjar**.

Según la doctora Jennifer Purcell, una experta en medusas del Centro Marino Shannon Point de la Universidad Occidental de Washington, los mares más cálidos y el clima más seco producto del calentamiento global son propicios para las medusas, dado que casi todas ellas se reproducen mejor y más rápido en aguas cálidas.

El calentamiento global también redujo las precipitaciones en las zonas templadas, según dicen los investigadores, lo que permite que las medusas se acerquen más a las playas. Normalmente, la escorrentía de la lluvia reduce ligeramente la salinidad de las aguas de la costa, y así "crea una barrera natural que mantiene a las medusas alejadas de las costas", dice el doctor Gili.

Y después está la contaminación, que reduce el nivel de oxígeno y la visibilidad del agua de la costa. Mientras otros peces mueren o evitan nadar en aguas que tienen bajos niveles de oxígeno, muchas medusas pueden prosperar en ellas. Y mientras la mayoría de los peces tienen que

120

8. **LEER** Mientras lees las líneas 131 a 159, continúa citando evidencia del texto.
- Subraya lo que le sucede a Mirela Gómez después de que la pica una medusa.
- Subraya lo que dice el doctor Nogué sobre el efecto de las picaduras.
- Encierra en un círculo lo que dice Antonio López sobre las medusas.

ver para atrapar su alimento, las medusas, que filtran su alimento pasivamente del agua, pueden comer en total oscuridad, según la investigación de la doctora Purcell.

Los residentes de Barcelona han forjado una difícil relación de convivencia con sus nuevos vecinos.

El mes pasado, Mirela Gómez, de 8 años, salió corriendo del agua tras su primera picadura de medusa sin soltarse la pierna, que de golpe le dolía y le picaba. Sus abuelos la llevaron al puesto cercano de la Cruz Roja. "Tengo miedo de volver al agua", comentó, mientras mostraba la hilera de ronchas de color rojo furioso que tenía en la pierna.

Francisco Antonio Padrós, un pescador de 77 años, echó pestes una mañana del último fin de semana, cuando descargó sus redes, llenas de medusas que colgaban, y las lanzó sobre el muelle. Dice que, a excepción de algunos langostinos, las redes suelen estar "más llenas de medusas que de peces".

Al final del ejercicio, tenía las manos callosas de color rojo brillante e hinchadas al doble de su tamaño normal. "En este momento, no sé si tengo manos o no: me duelen, están entumecidas, me pican", comenta el pescador.

El doctor Santiago Nogué, jefe de la unidad de **toxicología** del hospital más importante de la zona, dice que aunque casi el 90 por ciento de las picaduras se curan en una semana o dos, muchas personas sufren de dolor y picazón durante varios meses. Según comenta, ahora atiende a

toxicología:

LECTURA EN DETALLE
Notas

unos 20 pacientes al año cuyos síntomas no responden a ningún tipo de tratamiento; a veces, requieren que se les remueva el área afectada mediante cirugía.

Sin embargo, el mar es fundamental en la vida de Barcelona, y es poco probable que esto cambie. Recientemente, cuando las playas estaban cerradas, un grupo de niños en la escollera juntaban medusas en un balde. Al día siguiente, Antonio López, un submarinista, emergió del agua. "Cada año que pasa hay más; vimos cientos de medusas hoy en alta mar", dijo. "Solo hay que aprender a lidiar con las picaduras".

9. **VOLVER A LEER** Vuelve a leer las líneas 154 a 159. Vuelve a expresar lo que dice Antonio López con tus propias palabras.

_____
_____
_____
_____

RESPUESTA BREVE

Citar evidencia del texto Resume brevemente el creciente problema de las medusas tal y como se presenta en este artículo. Repasa las notas que tomaste y asegúrate de **citar evidencia del texto** cuando expliques las causas y los efectos de la creciente población de medusas.

_____
_____
_____
_____
_____
_____
_____
_____
_____

COLECCIÓN 5

La cultura consumista

COLECCIÓN 5
La cultura consumista

"Vivimos gran parte de nuestra vida en un reino al que yo llamo *comprósfera*."

—Thomas Hine

ARTÍCULO DE REVISTA
Los adolescentes y la nueva tecnología .... **Andres Padilla-Lopez**

ENSAYO
Tamaños e ilusiones .... **Lourdes Barranco**

CUENTO
¡O–ye! ¡Sal de a–hí! .... **Shinichi Hoshi**

Contexto El primer mensaje de texto de la historia se envió el 3 de diciembre de 1992. Neil Papworth envió "Feliz Navidad" desde su computadora personal al teléfono de Richard Jarvis. La tecnología ha avanzado mucho desde ese entonces. La red social Facebook tiene más de mil millones de usuarios activos; 2,400 millones de personas de todo el mundo usan mensajes de texto como medio de comunicación; y el 30.2 por ciento de la población mundial usa Internet. Tal vez sea importante que nos preguntemos: ¿Cuáles son los efectos de nuestra obsesión por la nueva tecnología?

Los adolescentes y la nueva tecnología

Artículo de revista escrito por Andres Padilla-Lopez

LECTURA EN DETALLE Notas

1. **LEER** Mientras lees las líneas 1 a 24, comienza a reunir y citar evidencia del texto.

   - Subraya los ejemplos de uso excesivo de la tecnología.
   - En el margen, resume la relación de causa y efecto que se encuentra en las líneas 6 a 10.
   - En el margen, escribe qué busca determinar el autor con sus preguntas (líneas 16 a 24).

Los adolescentes y el uso de dispositivos electrónicos

Allison, una adolescente de quince años que vive en Redwood City, California, recibe más de 27,000 mensajes de texto en un mes. Esto equivale, en promedio, a unos 900 mensajes por día. Allison explica: "Escribo mensajes *todo* el tiempo… *necesito* responder cada mensaje. Necesito saber quién me está hablando, qué me van a decir".

Otro adolescente, también de Redwood City, se pasa de seis a siete horas por día jugando a los videojuegos. Admite que jugar a los videojuegos ha perjudicado sus notas. Pero argumenta que los videos "me dan mucha energía" y que "jugar me hace feliz… no puedo dejar de jugar a los videojuegos; no quiero dejar de jugar a los videojuegos".

En una entrevista con una periodista británica, una adolescente aseveró, sentidamente: "Prefiero perder un riñón que mi teléfono". Otra adolescente le dijo a la misma periodista que se pasa más de una hora los

LECTURA EN DETALLE
Notas

días de semana y el doble de ese tiempo los fines de semana en Facebook, conectada con sus 450 amigos.

Entonces, ¿cómo usas *tú* los dispositivos electrónicos? ¿Eres amigo en la vida real de tus amigos de Facebook, o entre ellos, hay personas a quienes nunca has visto? ¿Son más interesantes los amigos que nunca has visto que los amigos de la vida real? ¿Te sientes perdido sin tu teléfono celular? ¿Debes responder cada mensaje de texto inmediatamente? ¿Te mueres de ganas de salir de clase para jugar a los videojuegos? O quizá te preocupes por la cantidad de tiempo que pasas con los dispositivos electrónicos. Tal vez pienses que enviar mensajes de texto y estar conectado a Facebook sea una pérdida de tiempo.

Datos y cifras

Una serie de estudios recientes estima que el 93 por ciento de los adolescentes entre los 12 y los 17 años se conectan regularmente para usar Internet. Estos estudios también revelan que el 75 por ciento de todos los adolescentes tienen teléfonos celulares. La mitad de ese 75 por ciento envía cincuenta mensajes de texto por día o más. Uno de cada tres envía 100 mensajes por día o más. Algunos usuarios adolescentes de teléfonos celulares ni siquiera usan sus teléfonos para hacer llamadas,

---

2. ◀ **VOLVER A LEER** Vuelve a leer las líneas 1 a 15. ¿En qué se parece la estructura de los primeros tres párrafos? Justifica tu respuesta con evidencia explícita del texto.

_____
_____
_____
_____

3. **LEER** ▶ Mientras lees las líneas 25 a 38 y observas las gráficas de barras, continúa citando evidencia del texto.

- Subraya los fragmentos de texto que contengan datos numéricos y encierra en un círculo las generalizaciones. En el margen, anota la diferencia entre estos dos tipos de información.
- ¿Qué conclusión puedes sacar sobre los teléfonos fijos a partir de la información de las gráficas? Anota tu conclusión en el margen.
- En el margen, haz una inferencia sobre la razón por la cual los adolescentes llaman por teléfono a sus padres.

Los adolescentes e Internet

- 74% tiene su propia computadora
- 63% de los usuarios de Internet se conectan a diario
- 27% usa el teléfono para conectarse
- 73% están en una red social

Contacto diario con amigos

- 54% envía mensajes de texto
- 38% llama por teléfono celular
- 30% llama por el teléfono de línea
- 24% envía mensajes instantáneos
- 11% envía correos electrónicos
- 25% usa el sitio de una red social

Observa que, si se suman los porcentajes, se obtiene que la mayoría de los adolescentes usan varios métodos para contactar a sus amigos todos los días.

4. ◀ VOLVER A LEER Repasa las gráficas. ¿Qué conclusión puedes sacar sobre por qué los adolescentes envían más mensajes de texto que correos electrónicos para comunicarse con sus amigos? Justifica tu respuesta con evidencia explícita de las gráficas.

___
___
___
___
___
___

LECTURA EN DETALLE
Notas

> "Los científicos se preguntan sobre los efectos a largo plazo que esto puede tener en el cerebro de un adolescente, que aún está en pleno desarrollo".

salvo a sus padres. En cambio, usan los mensajes de texto como medio de comunicación. Y, como todo usuario de teléfono celular sabe, con los teléfonos de hoy en día se puede hacer mucho más que enviar mensajes de texto. Los usuarios pueden tomar y compartir fotografías, jugar juegos, escuchar música, intercambiar videos y conectarse a Internet y a las redes sociales, como Facebook y Twitter. ¡El adolescente promedio tiene 201 amigos en Facebook!

Ventajas y desventajas

atinado:

40 Un estudiante de secundaria de California hace un resumen muy **atinado** sobre las actitudes contradictorias tanto de adultos como de adolescentes con respecto al uso de los dispositivos electrónicos. Vishal es un brillante joven de diecisiete años apasionado por el cine. Según nos cuenta, la tecnología es "mala para mí como estudiante" porque sus notas bajaron. Por otro lado, es "buena para mí como aficionado". Con la tecnología, se distrae y le resulta más difícil concentrarse en la tarea, pero también consiguió profundizar su interés por el cine.

En la actualidad, educadores, científicos, padres, e incluso algunos adolescentes, se preocupan por los efectos a largo plazo de estar siempre conectados a sus dispositivos electrónicos. Los educadores han notado una

---

5. **LEER** ▶ Mientras lees las líneas 39 a 61, continúa citando evidencia del texto.
   - Subraya los efectos negativos de usar dispositivos digitales.
   - Encierra en un círculo los efectos positivos de usar dispositivos digitales.
   - En el margen, explica en qué posiciones, a favor o en contra, parece hacer hincapié el autor.

LECTURA EN DETALLE
Notas

50 disminución en la capacidad de los estudiantes de concentrarse en una única tarea por un período de tiempo prolongado. Los científicos se preguntan sobre los efectos a largo plazo que esto puede tener en el cerebro de un adolescente, que aún está en pleno desarrollo. ¿Cuáles son las repercusiones de la **gratificación** instantánea y la rápida estimulación ofrecida por los medios electrónicos en el cerebro de un adolescente? Los científicos también temen que el pasar de una distracción a otra genere una incapacidad de concentrarse. Los padres se preocupan por la presencia de agresores en las redes sociales. También se alarman ante la amenaza del *cyber-bullying*, o ciberacoso. Los adolescentes, como Vishal y Allison, se
60 preguntan si las malas notas y la incapacidad de concentrarse en las tareas de la escuela realmente valen la pena.

Por otro lado, los partidarios de la tecnología argumentan que los poderosos teléfonos celulares de hoy en día les abren a los adolescentes nuevos horizontes de oportunidades. Hacen hincapié en que comprender la nueva tecnología es esencial para tener éxito en el futuro. Reconocen que las herramientas, como enviar mensajes de texto o tener una cuenta de Facebook, satisfacen las necesidades de todos los adolescentes; por ejemplo, la necesidad de definir la propia identidad y establecer su independencia. Estas tecnologías ofrecen nuevos caminos para que los
70 adolescentes hagan lo que todo adolescente siempre quiere hacer: coquetear, alardear, chismosear, quejarse, burlarse e informarse.

gratificación:

6. **VOLVER A LEER** Vuelve a leer las líneas 39 a 61. Explica cómo se usa el patrón de causa y efecto que organiza esta sección para conectar las ideas. Justifica tu respuesta con evidencia explícita del texto.

_____
_____
_____
_____
_____

7. **LEER** Mientras lees las líneas 62 a 78, continúa citando evidencia del texto.
   • Encierra en un círculo los efectos de usar dispositivos digitales.
   • En el margen, explica en qué posición, a favor o en contra, hace hincapié el autor ahora.

LECTURA EN DETALLE — Notas

Algunos educadores ven las nuevas tecnologías como divertidas oportunidades de conectarse con los estudiantes. Otros las ven como herramientas de educación personalizada y como una manera de estimular los intereses individuales de los estudiantes.

Sea cual sea tu punto de vista, no hay duda de que los dispositivos electrónicos llegaron para quedarse. El uso que les demos, si es a nuestro favor o es en nuestra contra, ya es responsabilidad nuestra.

8. ◀ **VOLVER A LEER Y COMENTAR** Vuelve a leer las líneas 62 a 78. Con algunos compañeros, forma un grupo pequeño. Saca varias conclusiones sobre las maneras en que los adolescentes pueden usar los dispositivos electrónicos a su favor en vez de en su contra. Cita evidencia explícita del texto en la conversación.

RESPUESTA BREVE

Citar evidencia del texto ¿Qué tipo de información incluye el autor para mostrar las maneras en que los adolescentes usan los dispositivos electrónicos? ¿Con qué visión general se queda el lector con respecto al uso de estos dispositivos? Repasa las notas que tomaste durante la lectura y asegúrate de **citar evidencia del texto** en tu respuesta.

Contexto La obesidad es una de las principales causas de muertes prevenibles en los Estados Unidos. Entre las décadas de 1980 y 2000, la tasa de obesidad infantil se triplicó en el país. Este incremento puede atribuirse directamente al aumento de las colaciones y las porciones, y a la reducción de la actividad física. Los niños obesos son mucho más propensos a ser adultos obesos. Tal vez se pueda combatir esta epidemia con una iniciativa nacional cuyo objetivo sea luchar contra la obesidad mediante la educación y el énfasis en el aumento de la actividad física.

Tamaños e ilusiones

Ensayo escrito por Lourdes Barranco

LECTURA EN DETALLE Notas

1. **LEER** Mientras lees las líneas 1 a 18, comienza a citar evidencia del texto.
   - Subraya las frases que describen qué hacen los especialistas en comercialización.
   - En el margen, haz una inferencia sobre la relación que tienen ciertas estrategias de comercialización con la obesidad.

Reconozcámoslo: hoy en día, todos nos preocupamos por la medida de las cinturas estadounidenses. Algunos de nosotros nos preocupamos por las propias; otros se preocupan por el incremento general de la obesidad entre los estadounidenses. Lo que debemos analizar más de cerca es hasta qué punto los especialistas en comercialización —las personas que **conciben** las estrategias para que compremos ciertos productos— tienen que ver con el incremento de la obesidad en nuestro país.

concebir:

Estos especialistas han desarrollado fantásticas estrategias para clasificar los alimentos de modo que pensemos que estamos consumiendo menos, 10 cuando en realidad no es cierto. Por ejemplo, quizá pidas una gaseosa mediana en un restaurante de comida rápida (lo que parece una sabia decisión si estás tratando de comer menos). Luego, descubres que en otro restaurante esa misma gaseosa se ha transformado mágicamente en una gaseosa "grande". ¿Qué tamaño de gaseosa pediste entonces: una mediana o una grande? Quizá pidas una porción pequeña de papas fritas en un restaurante y, cuando te la traen, es una porción enorme. Los tamaños de

LECTURA EN DETALLE
Notas

estas porciones de comida y bebida parecen ser caprichosos, por no decir erróneos. Entonces, ¿qué está sucediendo?

Los que tratamos de comer porciones razonables tal vez tengamos el 20 problema adicional de no saber juzgar el tamaño de las comidas. Consideren la siguiente ilusión óptica, que se documentó por primera vez en 1875: la ilusión de Delboeuf. Comiencen con dos puntos del mismo tamaño. Luego, encierren un punto dentro un círculo grande y encierren el otro dentro de un círculo pequeño. ¿Adivinen qué sucede? Ahora, el segundo punto, el que quedó encerrado dentro del círculo pequeño, parece mucho mayor que el primer punto, a pesar de que los dos tienen el mismo tamaño.

¿Qué tiene que ver esto con la cantidad de alimento que ingerimos? Koert van Ittersum, profesor de comercialización del Instituto de Tecnología de Georgia, y Brian Wansink, director del Laboratorio de 30 Alimentos y Marcas de la Universidad de Cornell, hallaron la respuesta. Realizaron una serie de experimentos para medir el efecto de la ilusión de Delboeuf en la percepción que las personas tenían de las porciones. Sirvieron la misma porción a dos grupos diferentes, pero utilizaron diferentes platos. Las personas que recibieron los platos más grandes pensaron que se les había servido una porción pequeña. Las personas que

2. ◀ **VOLVER A LEER** Vuelve a leer las líneas 8 a 18. El contraste entre lo que se espera y lo que realmente ocurre se llama *ironía*. El uso de la ironía puede crear un efecto fuerte, por ejemplo, el humor. ¿Qué palabras y frases aportan un tono irónico al párrafo?

_____
_____
_____
_____
_____
_____
_____

3. **LEER** ▶ Mientras lees las líneas 19 a 38, continúa citando evidencia del texto.

- Subraya los resultados de cada experimento.
- En el margen, explica en qué se parecen los resultados del efecto de Delboeuf y los resultados del experimento de van Ittersum y Wansink.

recibieron los platos más chicos pensaron que se les había servido una porción más grande. La investigación demostró que nuestros ojos pueden engañarnos sobre la cantidad de comida que estamos comiendo en realidad.

Para empeorar las cosas, los especialistas en comercialización de la industria textil han desarrollado estrategias para hacernos creer que somos más delgados de lo que realmente somos. Un dilema común al que se enfrentan las personas de todas las edades es tratar de determinar qué tamaño de una prenda de vestir les sienta bien. La confusión es entendible. Un par de pantalones de diferentes tiendas marcados 8, 6 o 4 pueden quedarle bien a la misma mujer. Un suéter extra grande o mediano puede entrarle a un hombre grande.

¿Cuál es la causa de estas diferencias? La respuesta es el "vanity sizing", o inflación de las tallas, la práctica de marcar las prendas con talles más pequeños de lo que realmente son. En otras palabras, un vestido que en realidad es un talle 8 puede estar marcado como talle 2. Cuando los fabricantes aplican esta práctica, las personas se sienten halagadas y piensan que no están tan gordas. Aparentemente, esto las estimula a comprar la prenda de vestir. Recuerden que los especialistas en comercialización que conciben estas estrategias quieren que compremos los productos de las empresas para las que trabajan.

4. **VOLVER A LEER** Vuelve a leer las líneas 19 a 38. Plantea la idea principal de esta sección y explica cómo los dos experimentos apoyan esa idea.

_____
_____
_____
_____
_____
_____

5. **LEER** Mientras lees las líneas 39 a 63, continúa citando evidencia del texto.

- Subraya las frases que sugieren que el "vanity sizing" hace que las personas se sientan bien.
- Encierra en un círculo la conclusión que resume la idea central de este ensayo.
- En el margen, vuelve a plantear lo que pueden hacer los consumidores para contrarrestar las estrategias de los especialistas en comercialización.

LECTURA EN DETALLE
Notas

¿Qué podemos hacer los consumidores frente a todo esto? Primero, debemos ignorar los rótulos "pequeño", "mediano" y "grande" de las comidas y bebidas. Es muy probable que estemos comprando mucho más de lo que necesitamos. También debemos ser escépticos con los talles de la
60 ropa. Tal vez no seamos tan entallados y esbeltos como nos hace creer una marca. Para estar saludables y evitar la obesidad, debemos confiar en nuestro propio sentido común y en nuestro conocimiento sobre lo que caracteriza a una persona sana.

6. ◀ **VOLVER A LEER** Vuelve a leer las líneas 56 a 63. Un autor puede usar más de un tono en un ensayo. ¿Qué palabra usarías para describir el tono de la autora en este párrafo? ¿Qué palabras y frases reflejan este tono?

_____
_____
_____
_____

RESPUESTA BREVE

Citar evidencia del texto Resume la idea central de este ensayo y la información más efectiva que usa la autora para apoyarla. **Cita evidencia del texto** y usa en tu respuesta las notas relevantes que tomaste durante la lectura.

_____
_____
_____
_____
_____
_____
_____
_____

Biografía Shinichi Hoshi (1926–1997) es reconocido en Japón por su extravagante imaginación y sus misteriosas historias de ciencia ficción. Hoshi escribió más de 1,000 cuentos. Es famoso por su cuentos cortos, algunos de apenas tres o cuatro páginas. Este cuento está ambientado en un pueblo de pescadores japonés. Japón ostenta una de las industrias pesqueras más importantes del mundo. Sin embargo, las aguas japonesas están asoladas por la contaminación y los problemas ambientales.

¡O–ye! ¡Sal de a–hí!

Cuento escrito por Shinichi Hoshi

1. **LEER** Mientras lees las líneas 1 a 32, comienza a citar evidencia del texto.
   - Encierra en un círculo los sucesos importantes que se describen en las líneas 1 a 4.
   - Subraya detalles que describan el pozo. En el margen, haz una lista de cosas que parezcan extrañas acerca del pozo.
   - Encierra en un círculo los enunciados importantes de las líneas 22 a 29.

LECTURA EN DETALLE
Notas

tifón:

El **tifón** ya había pasado y el cielo era de un azul precioso. Cierto pueblo que no estaba lejos de la ciudad también había sufrido algunos daños. A poca distancia del pueblo, cerca de las montañas, un derrumbe había barrido un pequeño santuario.

—Me pregunto cuánto hacía que estaba aquí ese santuario.

—En cualquier caso, debía de haber estado aquí desde hacía muchísimo tiempo.

—Debemos volver a construirlo de inmediato.

Mientras los habitantes del pueblo intercambiaban ideas, llegaron

10 algunos otros.

—Sí que quedó destruido, ¿eh?

—Creo que estaba justo aquí.

—No, me parece que estaba un poco más allá.

Justo entonces, uno de ellos alzó la voz:

—Oigan, ¿qué rayos es este pozo?

En el lugar donde se habían reunido, había un pozo de alrededor de un metro de diámetro. Escudriñaron su interior, pero estaba tan oscuro que no se veía nada. Sin embargo, daba la impresión de que era tan profundo que llegaba hasta el mismísimo centro de la tierra.

20 Alguien llegó a decir:

—Me pregunto si no será una madriguera.

—¡O–ye! ¡Sal de a–hí! —gritó un joven hacia el interior del pozo.

No se oyó eco en el fondo del pozo. Luego, tomó una piedrita y se preparó para tirarla.

—Vas a hacer que nos caiga una maldición. ¡Aléjate! —advirtió un anciano, pero el joven tiró la piedra con fuerza. Como antes, no se oyó ninguna respuesta que proviniera del fondo del pozo. Los habitantes del pueblo talaron algunos árboles, los ataron con sogas e hicieron una cerca que pusieron alrededor del pozo. Luego, volvieron al pueblo.

30 —¿Qué te parece que debemos hacer?

—¿No deberíamos construir el santuario encima del pozo, tal y como estaba?

Pasó un día y no se pusieron de acuerdo. Las noticias volaron y un carro de la agencia de noticias se acercó al lugar rápidamente. En un abrir y cerrar de ojos, apareció un científico y, con expresión de saberlo todo, se acercó al pozo. Luego, aparecieron unos curiosos que observaban embobados; también se veían aquí y allá algunos hombres de miradas furtivas que parecían **concesionarios.** Preocupado de que alguien se cayera dentro del pozo, un policía de la comisaría local montaba cuidadosa guardia.

concesionario:

40 Un periodista ató una pesa en la punta de una larga cuerda y la bajó por el pozo. La cuerda bajó un largo trecho. Cuando se acabó y el periodista quiso sacarla, la cuerda no quiso salir. Dos o tres personas se acercaron para

---

2. **◀ VOLVER A LEER** Vuelve a leer las líneas 1 a 32. ¿Qué detalles sobre el entorno parecen realistas? ¿Qué detalles parecen de otro mundo?

_____
_____
_____

3. **LEER ▶** Mientras lees las líneas 33 a 73, continúa citando evidencia del texto.

   • Encierra en un círculo las oraciones que muestran los pensamientos de los científicos.
   • En el margen, parafrasea el enunciado importante de la línea 58.
   • Subraya la oferta que el concesionario hace al alcalde en las líneas 59 a 68.

> *Es más seguro deshacerse de algo que uno no comprende*.

ayudar, pero como tiraron demasiado, la cuerda se cortó en el borde del pozo. Otro periodista, cámara en mano, que observaba todo lo que sucedía, desató en silencio una soga gruesa que llevaba atada a la cintura.

El científico contactó a algunas personas de su laboratorio y les pidió que trajeran un megáfono de alta potencia, con el cual iba a comprobar el eco del fondo del pozo. Probó con varios sonidos, pero no producían eco. El científico estaba confundido, pero no se podía dar por vencido ahora que todo el mundo lo miraba con tanta atención. Volvió a poner el megáfono sobre el pozo, lo prendió, subió el volumen al máximo y lo dejó sonar continuamente durante un largo rato. Ese sonido debía de viajar varias decenas de kilómetros bajo tierra. Pero el pozo se tragó el sonido.

Para sus adentros, el científico estaba perdido, pero con aparente **compostura** detuvo el sonido y, como si todo esto tuviera una explicación posible, dijo, sin más:

—Rellénenlo.

Es más seguro deshacerse de algo que uno no comprende.

Los observadores, decepcionados de que esto era todo lo que iba a suceder, se prepararon para dispersarse. Justo entonces, uno de los concesionarios se abrió camino entre la muchedumbre, dio un paso al frente e hizo una propuesta.

—Déjenme el pozo a mí. Yo lo voy a llenar por ustedes.

—Le agradeceríamos mucho que lo llenara —respondió el alcalde del pueblo—, pero no podemos darle el pozo. Tenemos que construir un santuario encima.

—Si quieren construir un santuario, yo les construiré uno magnífico después. ¿Lo quieren con un salón de reuniones incluido?

Antes de que el alcalde llegara a responder, los habitantes del pueblo gritaron al unísono:

compostura:

89

LECTURA EN DETALLE
Notas

—¿En serio? Pues bien, en ese caso, mejor que esté más cerca del pueblo.

—Es solo un pozo viejo. ¡Te lo daremos si eso es lo que quieres!

Y así arreglaron. El alcalde, por supuesto, no se opuso.

El concesionario cumplió con su promesa. Era pequeño, pero el santuario que construyó quedaba cerca del pueblo y tenía incluido un salón de reuniones.

Al momento de celebrarse el festival de otoño en el nuevo santuario, la empresa que eligió el concesionario para rellenar el pozo abrió una pequeña oficina en una choza cerca del pozo.

80 El concesionario pidió a sus socios que lanzaran una fuerte campaña en la ciudad.

—¡Tenemos un pozo maravilloso y profundo! ¡Los científicos dicen que tiene por lo menos cinco mil metros de profundidad! Es perfecto para desechar cosas tales como los residuos de los reactores nucleares.

Las autoridades gubernamentales le otorgaron el permiso. Las plantas nucleares se pelearon por firmar contrato primero. Los habitantes del pueblo estaban un poco preocupados, pero dieron su **consentimiento** cuando les explicaron que no había riesgo de ningún tipo de contaminación en la superficie por varios miles de años y que recibirían parte de las ganancias

90 de tal uso. Como parte de las negociaciones, enseguida se construyó una magnífica carretera que conectaba la ciudad con el pueblo.

Los camiones pasaban por la ruta y llevaban cajas de plomo. Arriba del pozo se abría la tapa y, luego, se arrojaban los desechos de los reactores nucleares.

consentimiento: _____

4. **◄ VOLVER A LEER** Algunos enunciados de un cuento te dan pistas sobre su tema. ¿Qué tema principal se sugiere con el enunciado que parafraseaste de la línea 58?

_____

_____

5. **LEER ▶** Mientras lees las líneas 74 a 135, continúa citando evidencia del texto.

- Subraya todas las cosas que se tiraron dentro del pozo.
- Haz notas en el margen sobre cómo el pozo cambia el comportamiento de las personas.
- Encierra en un círculo los detalles de las líneas 126 a 135 que se parecen a un episodio que sucedió antes en el cuento.

> "El pozo no daba señales de llenarse"

Del Ministerio de Asuntos Exteriores y del Ministerio de Defensa llegaron cajas de documentos clasificados que ya no eran necesarios y que se iban a tirar dentro del pozo. Los funcionarios que fueron a supervisar conversaban sobre golf. Los funcionarios menos jerárquicos, mientras tiraban los papeles, charlaban sobre juegos de maquinitas.

El pozo no daba señales de llenarse. Era tremendamente profundo, pensaban algunos; también podía ser muy espacioso en el fondo. Poco a poco la empresa que llenaba el pozo comenzó a expandir su negocio.

Se trajeron los cuerpos de animales utilizados en experimentos de universidades sobre enfermedades contagiosas, y a esos se le sumaron los cuerpos sin reclamar de los vagabundos. Era mejor que tirar toda la basura en el océano, pensaba la ciudad, y se hicieron planes para construir una larga tubería que terminara en el pozo.

El pozo les daba tranquilidad a los pobladores de la ciudad. Solo se concentraban en producir una cosa detrás de la otra. A todos les disgustaba pensar sobre las posibles consecuencias. Solo querían trabajar para las empresas de producción y las corporaciones de ventas; no tenían interés de convertirse en comercializadores de basura. Pero se pensaba que también estos problemas se resolverían con el pozo.

Las jovencitas cuyos compromisos matrimoniales ya se habían arreglado tiraban sus viejos diarios dentro el pozo. También había quien estrenaba un nuevo amor y tiraba dentro del pozo las fotos que se había tomado con su antiguo amor. La policía se sentía cómoda tirando dentro del pozo la acumulación de billetes que se habían falsificado con tanta **pericia.** Los delincuentes respiraban más tranquilos después de tirar las pruebas materiales dentro del pozo.

Lo que fuera que uno deseara tirar, el pozo lo aceptaba. El pozo limpiaba a la ciudad de su suciedad; el cielo y el mar parecían un poco más claros que antes.

pericia:

LECTURA EN DETALLE
Notas

Con sus cúpulas apuntando al cielo, se construyeron edificios y más edificios.

Un día, encima de una elevada estructura de aluminio de un nuevo edificio en construcción, un trabajador tomaba un descanso. Por encima de su cabeza escuchó una voz que gritaba:

—¡O–ye! ¡Sal de a–hí!

130 Pero cuando miró hacia el cielo no vio nada. Solo había cielo, limpio y azul. Pensó que era su imaginación. Luego, cuando volvió a su trabajo, de la dirección de la cual venía la voz, cayó una piedrita, que lo rozó y siguió de largo.

El hombre, sin embargo, miraba, ensimismado, la línea de edificios de la ciudad que crecía cada vez más hermosa, y no se dio cuenta.

6. ◀ **VOLVER A LEER Y COMENTAR** Vuelve a leer las líneas 126 a 135. Con algunos compañeros, forma un grupo pequeño. Comenta tu interpretación del final del cuento. Repasa las notas que tomaste durante la lectura y cita evidencia del texto en la conversación.

RESPUESTA BREVE

Citar evidencia del texto El tema principal de un cuento es la idea central que expresa el autor sobre la vida. ¿Cuál es el tema principal de "¡O–ye! ¡Sal de a–hí!"? Repasa las notas que tomaste durante la lectura y **cita evidencia del texto** en tu respuesta.

_____
_____
_____
_____
_____
_____
_____
_____
_____
_____

COLECCIÓN 6

VOLUNTARIO

Guiados por una causa

COLECCIÓN 6
Guiados por una causa

"La plenitud de nuestro corazón llega con nuestras acciones".

—Madre Teresa

RELATO HISTÓRICO
de "The Most Daring of [Our] Leaders" (La más audaz de nuestras líderes) — **Lynne Olson**

DISCURSO
Discurso de la Convención Nacional Demócrata — **John Lewis**

CUENTO
Viene Doris — **ZZ Packer**

ARTÍCULO PERIODÍSTICO
Hacedor de diferencias: John Bergmann y el Parque Popcorn — **David Karas**

Contexto Desde la década de 1880 hasta la década de 1960, las "leyes de Jim Crow" fomentaron la segregación entre las personas blancas y negras en muchos de los estados del país. Cuando la Corte Suprema de los Estados Unidos revocó la doctrina "separados pero iguales" en 1954, comenzó un período de agitación social y se inició el movimiento de los derechos civiles. Los activistas de los derechos civiles participaron en protestas no violentas, como sentadas en los mostradores de las cafeterías, y practicaron actos de desobediencia civil, como subir a los autobuses que se dirigían al sureste de los Estados Unidos para desafiar la segregación de las terminales interestatales.

de
"The Most Daring of [Our] Leaders" (La más audaz de nuestras líderes)
por Lynne Olson

Discurso de la
Convención Nacional Demócrata
por John Lewis

Lynne Olson *escribe libros de no ficción. Antes de empezar a escribir libros como actividad principal, trabajó como periodista para la agencia de noticias Associated Press y como corresponsal en la Casa Blanca para el periódico Baltimore Sun. Su libro* Freedom's Daughters (Hijas de la libertad) *fue el primero que analizó en profundidad la participación de las mujeres en el movimiento de los derechos civiles. El fragmento de* Freedom's Daughters *que leerás aquí cuenta las experiencias de Diane Nash, una joven de Chicago que asistía a la Universidad Fisk en Nashville, Tennessee, en 1959. En Nashville, tanto Diane Nash como John Lewis se vieron influenciados por las enseñanzas de la filosofía de la no violencia que predicaba el reverendo James Lawson.*

John Lewis *nació en Alabama en 1940. Era estudiante de la Universidad Fisk cuando el movimiento de los derechos civiles cobró impulso. Como estudiante universitario, estudió la filosofía de la no violencia. En 1960, contribuyó a planear una sentada en el mostrador de una cafetería en Nashville que continuó pacíficamente durante un mes y luego terminó con la golpiza y el arresto de los manifestantes. Finalmente, estas protestas tuvieron éxito y Nashville se convirtió en la primera ciudad importante del Sur que eliminó la segregación en las cafeterías. Desde su elección en 1986, Lewis ha ejercido el cargo de representante por el quinto distrito electoral de Georgia en el Congreso. En su discurso de la Convención Nacional Demócrata, que se realizó en Charlotte, Carolina del Norte, en 2012, Lewis habló del progreso que han hecho los Estados Unidos desde que él hizo su viaje anterior a Charlotte, en 1961.*

LECTURA EN DETALLE Notas

1. **LEER** Mientras lees las líneas 1 a 58, comienza a reunir y citar evidencia del texto.

   • Subraya las reacciones de Nash y de los estudiantes de Fisk ante la segregación. Explica en el margen cómo las reacciones de los otros estudiantes influenciaron a Nash.

   • En el margen, anota la idea central de esta sección. Encierra en un círculo tres detalles que apoyen la idea principal.

de "The Most Daring of [Our] Leaders" (La más audaz de nuestras líderes)
Relato histórico escrito por Lynne Olson

epifanía:

La **epifanía** de Nash ocurrió en la Feria Estatal de Tennessee en 1959. Había ido a la feria en una cita y en un momento quiso ir al baño de mujeres. Encontró dos, uno que decía MUJERES BLANCAS y el otro, MUJERES DE COLOR, y por primera vez en su vida sufrió la degradación de Jim Crow. Esto ya no era más un ejercicio intelectual: le estaban diciendo de la manera más virulenta que pudiera imaginar que *ella* estaba al margen de la sociedad y no era digna de usar las mismas instalaciones que las mujeres blancas. Indignada por la experiencia, se enojó aún más cuando su cita, un sureño, no compartió su furia. Ni 10 tampoco la compartían la mayoría de sus compañeras de estudios de Fisk. No parecía importarles que pudieran comprar en las tiendas del centro pero que no pudieran comer en el mostrador de una cafetería, o que tuvieran que sentarse en la platea alta para ver una película. Mientras más descubría Nash sobre la segregación en Nashville, más se sentía "sofocada y encajonada". En el resto del país, Nashville tenía la reputación de ser más progresista en las cuestiones raciales que la mayoría de las ciudades del Sur. Los negros podían votar. Las escuelas y los autobuses de la ciudad estaban integrados. Los negros servían en la policía, en los bomberos, en el Ayuntamiento y en el Consejo de 20 Educación. Pero la segregación seguía firmemente arraigada en los teatros, restaurantes, hoteles y bibliotecas, y Diane Nash, una moralista absoluta, decidió en ese mismo momento que Nashville vivía en un "escenario de pecado". No podía creer que "los hijos de mis compañeras iban a nacer en una sociedad donde tendrían que creer que eran inferiores". Y, sobre todo, no podía creer que sus compañeras estuvieran dispuestas a dejar que eso sucediera.

Como ellas no parecían compartir su enojo, buscó apoyo en otros lugares. Paul LaPrad, un estudiante blanco de intercambio de Fisk, le habló sobre un pastor negro llamado James Lawson, que entrenaba a estudiantes universitarios en el uso de la no violencia como marco para atacar por todos los medios la segregación. Para Lawson, que había pasado tres años en la India estudiando los principios de Gandhi, la no violencia era más que solo una técnica de protesta: era el medio por el cual regía su vida. El joven pastor hablaba sobre el poder de confrontar el mal con la no violencia, sobre vencer a las fuerzas del odio y transformar la sociedad mediante el amor y el perdón. Al principio, Nash tenía sus dudas. ¿Cómo podía ese idealismo ingenuo ser una herramienta para luchar contra los alguaciles armados y los racistas que blandían sus garrotes? Aun después de asistir a varios de los talleres de Lawson, seguía asegurando que "esto nunca va a funcionar". Pero como era, en sus palabras, "lo único que había para hacer", siguió yendo, y después de algunas semanas de estudiar teología y filosofía, de leer a Thoreau y a otros defensores de la resistencia pasiva, de debatir y argumentar con los demás participantes de los talleres, la apasionada joven de Chicago finalmente quedó cautivada por la visión de Lawson. Quedó particularmente **prendada** de la creencia de Lawson de que, para tener éxito, esos jóvenes aspirantes a activistas tendrían que superar el odio a sí mismos y el sentimiento de inferioridad, y tendrían que aprender a amarse a sí mismos. Después de haber sido criada en un entorno en el que se le restaba importancia al hecho de ser negro, ahora formaba parte de un grupo que "de pronto estaba orgulloso de llamarse 'negro'. Dentro del movimiento (…), llegamos a comprender nuestro propio valor (…)".

A fines del otoño de 1959, los estudiantes de Lawson formaron un comité central para que actuara como el órgano de toma de decisiones del grupo. Nash, que había impresionado a todos con su pensamiento claro y la intensidad de su compromiso con la no violencia, fue nombrada para integrar el comité. Los estudiantes fueron convirtiéndola en una de sus principales líderes.

prendado:

2. **VOLVER A LEER** Vuelve a leer las líneas 26 a 52. ¿Por qué le atraía a Nash la idea de que los activistas aprendieran a "amarse a sí mismos"? Justifica tu respuesta con evidencia explícita del texto.

_____
_____
_____

LECTURA EN DETALLE
Notas

> "¿Qué estoy *haciendo*? ¿Y cómo va a enfrentarse este pequeño grupo de estudiantes de mi edad a estas poderosas personas?"

El comité había elegido las cafeterías y los restaurantes del centro de Nashville como objetivo de la primera protesta de los estudiantes, programada para febrero de 1960. Durante los meses siguientes, los estudiantes se sometieron a entrenamientos rigurosos como preparación para las próximas sentadas, y el 13 de febrero, 124 estudiantes salieron de una iglesia de Nashville y se dirigieron a varias cafeterías del centro. Allí, se sentaron y pidieron que los atendieran. Los hombres usaban traje y corbata, las mujeres, vestidos, medias y tacones altos. Se comportaron con serenidad y cortesía, y casi no dieron señales del miedo que muchos de ellos sentían. Diane Nash, por ejemplo, estaba aterrorizada, un terror que nunca la abandonó con el correr de las sentadas y protestas en las que participó desde entonces.

A pesar de lo asustados que estaban durante esa primera sentada, los estudiantes tuvieron que esforzarse para no reír ante las reacciones atónitas y nerviosas de los trabajadores y de los **parroquianos** blancos, quienes actuaban, recuerda Nash, como si estos jóvenes bien vestidos fueran "algún tipo de monstruo espantoso (…) a punto de devorarlos a todos". A las camareras se les caían los platos, las cajeras rompían en llanto, una anciana blanca casi tiene un ataque cuando abrió la puerta de un baño de mujeres "blancas" y halló a dos jóvenes negras adentro.

parroquiano:

3. **LEER ▶** Mientras lees las líneas 59 a 109, continúa citando evidencia del texto.
   - Subraya los preparativos y las acciones de los activistas para las sentadas.
   - Encierra en un círculo cómo reaccionaron a las sentadas los trabajadores blancos, los clientes blancos y la ciudad en general.
   - En el margen, resume por qué Nash fue elegida jefa del comité.
   - En el margen, explica cómo está organizada esta sección.

No hubo arrestos ni violencia. Después de un par de horas, los estudiantes se fueron de las cafeterías, contentos de que su primera incursión hubiera transcurrido sin problemas. Se planeó una segunda sentada para la semana siguiente. Mientras tanto, varios miembros del Comité Central de estudiantes se acercaron a Nash y le pidieron que dirigiera el grupo. Ella era trabajadora y aparentemente no tenía miedo, y tampoco parecía tener los problemas de ego que tenían la mayoría de los hombres. "Como era una mujer y no un hombre, creo que Diane nunca tuvo que estar en pose", dijo Bernard Lafayette, un estudiante de la Universidad Bautista de los Estados Unidos y uno de los líderes del movimiento de Nashville. Pero Nash no tenía intención de convertirse en la jefa reconocida del movimiento. Como la mayoría de las jóvenes de su época, había sido criada para mantenerse en segundo plano. Sin embargo, los hombres la presionaron para que aceptara y cuando volvió a la universidad, estaba tan asustada de lo que había hecho que apenas podía mantenerse en pie. "Esto es Tennessee", se dijo a sí misma. "Vamos a tener que ir en contra de (…) sureños blancos de cuarenta y cincuenta y sesenta años, que son políticos y jueces y dueños de empresas, y yo tengo veintidós años. ¿Qué estoy *haciendo*? ¿Y cómo va a enfrentarse este pequeño grupo de estudiantes de mi edad a estas poderosas personas?".

Una vez más, logró controlar el miedo y se unió a otros estudiantes en la segunda sentada, que fue tan exitosa y tranquila como la primera. Sin embargo, la ciudad estaba perdiendo la paciencia. Los funcionarios de Nashville, inundados de quejas de los dueños de los bares de que las sentadas estaban provocando que la gente blanca se alejara del centro, les advirtieron que no continuaran. Si la advertencia no se tenía en cuenta, lo dejaron bien en claro: de ahora en más, los niños podían olvidarse de ser tratados con guantes de seda. Preocupados por la posibilidad de que se ejerciera la violencia y de que hubiera arrestos, los pastores del movimiento rogaron a los estudiantes que reconsideraran sus planes de convocar a otra manifestación para el 27 de febrero.

4. **VOLVER A LEER Y COMENTAR** Vuelve a leer las líneas 59 a 70. Con algunos compañeros, forma un grupo pequeño. Comenta por qué los estudiantes se prepararon tan intensamente para las sentadas y por qué se vistieron de manera elegante para la primera protesta.

5. **LEER** Mientras lees las líneas 110 a 126, continúa citando evidencia del texto. Subraya las acciones de la policía en la manifestación del 27 de febrero.

LECTURA EN DETALLE
Notas

110   Como la concurrencia aumentaba, los jóvenes dijeron que no. En medio de otra tormenta de nieve, más de trescientos jóvenes se acercaron al centro de Nashville. Bastó con que algunos de ellos se sentaran en el mostrador de Woolworth para que los temores de los pastores se volvieran realidad. Los manifestantes se encontraron con un grupo de matones jóvenes y blancos que los insultaban, los arrancaban de los taburetes y los arrojaban al suelo, los golpeaban con puños y garrotes, los pateaban, los escupían, les apagaban cigarrillos encendidos en la espalda y en el pelo. La policía no estaba por ninguna parte y, cuando finalmente llegó, se acercó no a los atacantes blancos sino a los magullados y
120   maltrechos manifestantes, cubiertos de mostaza y ketchup, saliva y sangre. "Está bien, levántense o vamos a arrestarlos", gritó uno de los policías. Cuando ninguno de los estudiantes obedeció, los arrestaron por alteración del orden público y los hicieron caminar a través de la hostil multitud de blancos hasta los furgones policiales. Cuando los estudiantes miraron hacia atrás en dirección al bar, vieron una nueva oleada de estudiantes que se dirigían, tranquilos, a ocupar su lugar.

6. **VOLVER A LEER** Vuelve a leer las líneas 110 a 126. Explica por qué "los temores de los pastores se volvieron realidad" durante la sentada de Woolworth. ¿Por qué podía considerarse que esta sentada fue un éxito? Justifica tu respuesta con evidencia explícita del texto.

_____
_____
_____
_____
_____

7. **LEER** ▶ Mientras lees las líneas 1 a 48 del discurso de John Lewis, continúa citando evidencia del texto.

- Subraya lo que sucede cuando los Viajeros de la Libertad bajan de los autobuses y anota en el margen lo que puedas inferir sobre su viaje (líneas 1 a 19).
- En el margen, explica el paralelismo entre los Viajeros de la Libertad y el voto.

Discurso de la Convención Nacional Demócrata
Escrito por John Lewis

Llegué por primera vez a esta ciudad en 1961, el año en que nació Barack Obama. Fui uno de los 13 "Viajeros de la Libertad". Viajamos en autobús desde Washington hasta Nueva Orleans con el objetivo de probar si se respetaba el entonces reciente fallo de la Corte Suprema, que prohibía la discriminación racial en los autobuses que cruzaban los límites del estado y en las estaciones que los abastecían. Aquí en Charlotte, un joven viajero afroamericano se bajó del autobús y trató de conseguir que le lustraran los zapatos en una de las llamadas salas de espera de blancos. Lo arrestaron y terminó en la cárcel.

10   En el mismo día, seguimos hasta Rock Hill, Carolina del Sur, aproximadamente unas 25 millas más. Allí, cuando mi compañero de asiento, Albert Bigelow, y yo tratamos de entrar a una sala de espera de blancos, nos encontramos con una muchedumbre furiosa que nos dio una paliza y nos dejó tendidos en un charco de sangre. Algunos oficiales de la policía se acercaron y nos preguntaron si queríamos presentar cargos. Dijimos: "No, nosotros vinimos en son de paz, con amor y no con violencia". Dijimos que nuestra lucha no era contra los individuos, sino contra las leyes y las costumbres injustas. Nuestro objetivo era que todos los estadounidenses fueran verdaderamente libres.

20   Desde entonces, los Estados Unidos han progresado enormemente. Somos una sociedad diferente a la que éramos en 1961. Y en 2008, le mostramos al mundo la verdadera promesa de los Estados Unidos cuando elegimos al presidente Barack Obama. Hace unos años, un hombre de Rock Hill, inspirado por la elección del presidente Obama, decidió dar un paso al frente. Vino a mi oficina en Washington y me dijo: "Yo soy uno de los hombres que lo golpeó. Quisiera disculparme. ¿Usted me perdonaría?". Le dije: "Acepto su disculpa". Empezó a llorar y me dio un abrazo. Yo se lo devolví y los dos seguimos llorando. Este hombre y yo no queremos volver atrás, queremos seguir avanzando.

LECTURA EN DETALLE
Notas

30   Hermanos y hermanas, ¿ustedes sí quieren volver atrás? ¿O quieren que los Estados Unidos sigan avanzando? Mis queridos amigos, su voto es preciado, casi sagrado. Es la herramienta más poderosa y no violenta que tenemos para crear una unión más perfecta. Hasta no hace mucho tiempo, las personas estaban formadas en líneas y no se podían mover. Tenían que aprobar las pruebas de alfabetización, como les decían, o pagar un impuesto al voto. En una ocasión, a un hombre le pidieron que contara las burbujas de una barra de jabón. En otra ocasión, a otra persona le pidieron que contara los caramelos de goma que había en un frasco, todo para evitar que emitieran su voto.

40   Hoy resulta increíble que haya funcionarios que todavía traten de negar el voto a algunas personas. Cambian las reglas, acortan los horarios de votación e imponen requisitos con el objetivo de suprimir el derecho al voto.

He visto esto antes. He vivido esto antes. Muchos lucharon, sufrieron y murieron para que cada estadounidense pueda ejercer su derecho a votar.

Y juntos hemos llegado muy lejos para volver atrás. Así que no debemos guardar silencio. Debemos ponernos de pie y hablar alto y fuerte. Debemos marchar a la votación como nunca antes. Debemos ir juntos y ejercer nuestro derecho sagrado.

8. **◀ VOLVER A LEER Y COMENTAR**   Vuelve a leer las líneas 20 a 29. Con algunos compañeros, forma un grupo pequeño. Comenta la anécdota que relata Lewis sobre el hombre de Rock Hill. ¿De qué manera este incidente les permitió a los dos hombres "seguir avanzando"? Cita evidencia del texto en la conversación.

RESPUESTA BREVE

Citar evidencia del texto   Compara y contrasta los textos de Olson y Lewis. ¿En qué se parecen y en qué se diferencian los dos relatos? Repasa las notas que tomaste durante la lectura y asegúrate de **citar evidencia del texto** en tu respuesta.

_____
_____
_____
_____
_____
_____

Biografía ZZ Packer *(nacida en 1973) es una galardonada escritora de cuentos. Ella misma se apodó ZZ porque su primer nombre, Zuwena (que quiere decir "buena" en swahili), era difícil de pronunciar para los maestros. Reconocieron su talento desde muy joven, y la primera publicación importante que hizo fue en la revista* Seventeen, *cuando tenía 19 años. "Viene Doris" es un cuento sobre una joven afroamericana que vive en Louisville, Kentucky, a principios de la década de 1960.*

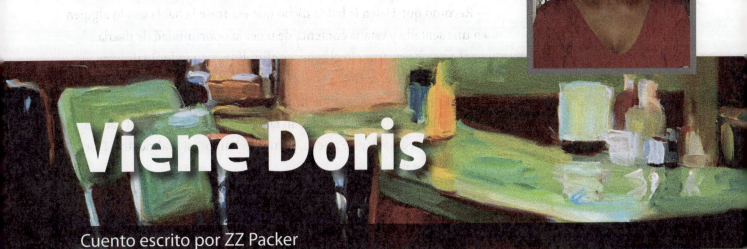

Viene Doris

Cuento escrito por ZZ Packer

1. **LEER** Mientras lees las líneas 1 a 25, comienza a reunir y citar evidencia del texto.

   - Subraya las partes del texto que describen el entorno.
   - En el margen, resume lo que hace el personaje principal en las líneas 1 a 15.
   - En el margen, anota el conflicto que surge en las líneas 16 a 25.

LECTURA EN DETALLE Notas

Caminó desde Stutz's hacia arriba por la calle Cuarta. Cuando llegó a Claremont, la calle donde vivía, siguió caminando, pasó Nogal y Castaño y todas las otras calles con nombres de árboles. Llegó al pequeño distrito comercial, que todavía estaba iluminado por el Año Nuevo, los grandes focos incandescentes colgados de los cables como brotes que crecían en una parra, enroscándose en los árboles e iluminando las fachadas de las tiendas. Cuando siguió caminando, sintió por primera vez que la motivaba otro propósito que la soledad. Se apuró, y no supo bien por qué hasta que la encontró: la tienda de Clovee. Tan pronto como la vio, supo
10 lo que estaba haciendo.

Adentro hacía calor, y ella se dirigió a la máquina de refrescos, donde hacía más calor a causa de la parrilla. Un hombre blanco estaba parado en la máquina de helados y se preparaba un batido. Había dos hombres blancos sentados en el mostrador, que hablaban con tono grave y serio, y ocasionalmente chupaban por las pajillas algunos sorbos de sus batidos.

LECTURA EN DETALLE
Notas

Había una camarera, con la cadera apoyada a un lado del mostrador, limpiando la parte de arriba con un trapo que había tenido mejores días. Sin levantar la vista, le dijo:

—Lo lamento. No servimos gente de color.

20 —Muy bien —dijo Doris—, porque yo no como gente de color.
—Recordó que Helen le había dicho que esa frase la había usado alguien en una sentada y estaba contenta de tener la oportunidad de usarla.

La camarera frunció el ceño, confundida, y cuando finalmente entendió el chiste, se rió.

—En serio —dijo, con solemnidad—. No puedo servirte.

Los dos hombres que hablaban la miraron y sacudieron la cabeza. Comenzaron a hablar de nuevo, pero miraban ocasionalmente a Doris para ver si se iba.

—¿Qué pasa si me quedo?

30 La camarera miró al hombre que estaba haciendo el batido y le imploró ayuda con los ojos.

—No lo sé. No lo sé. Yo no pongo las reglas y me apena por ti, pero yo no las pongo.

El hombre caminó hacia ellas con el batido y se lo dio a la camarera, que dobló la pajilla hacia ella y comenzó a beberlo.

—Mira —le dijo el hombre a Doris—, yo no me sentaría aquí. Yo no lo haría.

—¿Usted no lo haría?

—No lo haría si fuera tú.

40 Ella se sentó. Temblando, sacó su libro de Historia Mundial. Había hecho una cubierta para el libro con una bolsa de papel, y se alegraba de haberlo hecho porque estaba sudando tanto que de otro modo se le hubiera resbalado de las manos. Lo puso en el mostrador, lo abrió como si hiciera esto todos los días en esta misma tienda, y trató de leer sobre los Habsburgo, pero no pudo.

Se le ocurrió que otros estudiantes que hicieron sentadas fueron más

2. ◀ **VOLVER A LEER Y COMENTAR** Con algunos compañeros, forma un grupo pequeño. Comenta el "chiste" de Doris: qué significa, qué indica sobre Doris y cómo hace avanzar la trama (líneas 16 a 25).

3. **LEER** ▷ Mientras lees las líneas 26 a 51, continúa citando evidencia del texto.

- Encierra en un círculo las acciones que revelan los sentimientos de Doris.
- Subraya lo que la camarera y el hombre le dicen a Doris.
- En el margen, resume la situación que se desarrolla.

listos que ella, habrían ido en grupo y seguramente le habrían dicho a otros adónde iban, mientras que ella había sido tan tonta de venir a la tienda por su cuenta. Se sumergió en su libro y no se atrevió a levantar la vista, pero desde el rabillo del ojo se dio cuenta de que los dos hombres que habían estado hablando se levantaron y se fueron.

El hombre de la máquina de helados se preparó un poco de café y le hizo señas a la camarera para que se le acercara. Le susurró algo al oído y riéndose, ella lo golpeó con el trapo.

Cuando Doris notó que su aturdimiento cesaba, sintió que podía hacerlo. Lo intentó de nuevo con los Habsburgo. La camarera le preguntó:

—¿Estudiante? ¿De secundaria?

—Sí señora. De la Central.

—Mi hija está en Iroquois.

—Jugamos contra ellos el viernes pasado. —Doris no sabía cuál había sido el resultado ni le importaba, pero había oído sobre el partido por el intercomunicador.

—Bien. —La camarera comenzó a pasar nuevamente el trapo sobre el mostrador. Repasó los mismos lugares.

Cuando Doris cerró su libro, a punto de irse, dijo:

—Quiero que sepa que ahora me voy. No porque usted me eche o porque me sienta **intimidada** o algo por el estilo. Simplemente me tengo que ir a casa.

La camarera la miró.

—La próxima vez voy a querer algo de comer, ¿está bien?

—No podemos hacer eso, pero aquí tienes la mitad de mi batido. Puedes llevártelo. Yo no quiero más.

intimidado:

4. **VOLVER A LEER** Vuelve a leer las líneas 46 a 51. ¿Qué error se da cuenta Doris que cometió? Cita evidencia del texto en tu respuesta.

_____
_____
_____

5. **LEER** Mientras lees las líneas 52 a 85, continúa citando evidencia del texto.

- En el margen, explica la conexión que la camarera hace con Doris.
- Encierra en un círculo los detalles que muestran que Doris controla sus acciones y emociones.
- En el margen, haz una inferencia sobre cómo se siente Doris con respecto a su experiencia (líneas 76 a 85).

LECTURA EN DETALLE
Notas

El batido tenía la marca del lápiz labial en la pajilla y un poquito de baba. Doris sabía que no lo iba a beber, pero lo aceptó de todos modos.

—Gracias, señora.

Afuera de la tienda de Clovee, el mundo estaba frío y se estaba poniendo oscuro, pero no tan oscuro todavía, como si la oscuridad se ajustara con una perilla de volumen. Quienquiera que fuera el que estaba ajustando la perilla, lo hacía lenta y constantemente, con infinita paciencia.

80 Caminó hasta su casa y sabía que llegaría muy tarde para la cena, y los niños estarían gritando y su padre estaría bebiendo su cerveza diaria, y su madre estaría muy preocupada. Sabía que debía darse prisa, pero no podía. Tenía que detenerse y observar. El cielo se acababa de poner de su tono favorito de azul, apenas iluminado, el que se ve por la ventana cuando no puedes volver a dormirte pero tampoco llegas a despertarte del todo.

6. ◀ **VOLVER A LEER** Vuelve a leer las líneas 55 a 85. ¿Cómo cambiaron las perspectivas de los personajes? Cita evidencia explícita del texto en tu respuesta.

_____
_____
_____

RESPUESTA BREVE

Citar evidencia del texto Piensa en los textos de esta colección que describen las experiencias reales de Diane Nash y de John Lewis durante las sentadas de la década de 1960. ¿Qué referencias a detalles históricos hallas en el cuento? ¿En qué se diferencian las experiencias ficticias de Doris de las experiencias reales de Nash y Lewis? **Cita evidencia del texto** en tu respuesta.

_____
_____
_____
_____
_____
_____

106

Contexto Cada año, millones de mascotas terminan en un refugio de animales. Tal vez hasta conozcas a alguien que adoptó una mascota en un refugio. Pero ¿qué sucede con los animales exóticos que han sido sacados de sus hábitats naturales? Si tienen suerte, terminarán (junto a otros animales más conocidos, como los perros y los gatos) con John Bergmann en el jardín zoológico Parque Popcorn de Nueva Jersey.

Hacedor de diferencias:
John Bergmann y el Parque Popcorn

Artículo periodístico escrito por David Karas

LECTURA EN DETALLE Notas

1. **LEER** Mientras lees las líneas 1 a 54, comienza a citar evidencia del texto.

   - Subraya las citas que revelan el carácter de Bergmann y explica en el margen qué aspectos de su carácter se muestran.
   - Encierra en un círculo cómo trata Bergmann a los animales y cómo le responden ellos.

"Las gallinas andan por toda la oficina y ponen huevos sobre mi escritorio", dice John Bergmann, mientras se ríe y levanta las toallas que cubren los papeles de su oficina, que es un establo. "Es todo parte del trabajo, supongo".

El señor Bergmann es el administrador general del Parque Popcorn, un zoológico con licencia federal ubicado en los pinares del sur de Nueva Jersey que se ocupa de la fauna silvestre, los animales exóticos y los animales domésticos que están en peligro. Miembro de la red estatal Associated Humane Societies, el zoológico se ocupa de miles de animales por año, entre ellos, animales que están enfermos, heridos, han sido víctimas de abuso o explotación, o están muy viejos.

"Los animales nos encuentran", dice Bergmann. "Todo esto sucedió sin querer".

El zoológico comenzó a funcionar en 1977 como un centro de adopción de mascotas, pero luego el personal comenzó a recibir llamadas que informaban sobre casos de fauna silvestre que se encontraba en

107

peligro, por ejemplo, un mapache que resultó herido cuando cayó en una trampa.

A medida que llegaban más animales, se construían más jaulas, y así, poco a poco, nació el zoológico.

Hoy en día, el zoológico es hogar de más de 200 animales, entre ellos, leones africanos, tigres, gatos monteses, un camello, emúes, ualabíes, monos, osos y, por supuesto, los pavos reales que deambulan por la propiedad y les dan la bienvenida a los más de 75,000 visitantes anuales en el estacionamiento.

Una mañana reciente, Bergmann hizo sus rondas por las distintas jaulas, saludó a los animales y los llamó por su nombre.

La rutina es familiar para los animales residentes, que tratan a Bergmann como a una estrella de rock. Los pollos montan en la parte de atrás de su carro de golf, y los tigres del doble de su tamaño se levantan para saludarlo y llamar su atención.

"Estás cerca de los animales mucho tiempo", dice Bergmann de su ocupación. "Creo que de alguna manera, comprenden que hiciste algo por ellos".

Bergmann formó un vínculo con cada uno de los animales a los que cuida, pero Bengalí es un caso especial. El tigre de bengala vino del zoológico de Texas, después de ser rescatado de un ambiente abusivo y negligente.

emaciación:

"Tenía signos de **emaciación** (…), se le veían las costillas y los huesos", recuerda Bergmann. "Por la manera en que se veía, parecía que no tenía voluntad de vivir".

Lentamente el personal cuidó de Bengalí hasta que recuperó la salud. Lo sometieron a cirugías para reparar dientes rotos y otras dolencias. Sin embargo, su mayor desafío fue volver a su propio peso —400 libras— de las 180 libras que pesaba.

LECTURA EN DETALLE
Notas

Pero Bergmann dice que solo cuando Bengalí se encontró con una vieja leona a su lado en el refugio fue que realmente comenzó a volver a la vida. Cada día, Bengalí caminaba por la cerca para echar un vistazo a su nueva amiga, hasta que finalmente tuvo la energía para caminar por todo 50 su hábitat.

"Cuando salió y la vio, ¡se puso tan contento!", dice sonriendo Bergmann.

Hoy en día, cuando Bergmann lo visita, el enorme tigre empieza a **resoplar** en señal de saludo y a restregarse contra la cerca.

resoplar:

Pero, para ayudar a que los animales se recuperen de condiciones como esas, no se trabaja ocho horas.

"A veces es un trabajo de 24 horas, 7 días a la semana", dice Bergmann. "Dante [un tigre] está molesto, [entonces] te quedas aquí toda la noche".

Al contrario de Bengalí, Dante le tiene miedo a una leona de una jaula 60 vecina desde que murió su compañera. Se necesitaron muchas noches de consuelo y persuasión para ayudarlo a que volviera a estar cómodo en su recinto.

2. ◀ **VOLVER A LEER** Vuelve a leer las líneas 35 a 54. ¿Por qué Karas incluye la historia de Bengalí? Justifica tu respuesta con evidencia explícita del texto.

_____
_____
_____

3. **LEER** ▶ Mientras lees las líneas 57 a 98, continúa citando evidencia del texto.

- Escribe dos ejemplos en el margen de cómo el zoológico se parece a una familia y subraya oraciones que apoyen tu respuesta.
- Encierra en un círculo cómo los animales se convierten en residentes del Parque Popcorn.

LECTURA EN DETALLE
Notas

Bergmann le da el crédito a su familia por acomodarse a sus horarios impredecibles y a su costumbre de llevar de tanto en tanto a su casa a algunos animales para darles un poco de cuidado y atención extras.

"Toda mi familia creció con esto", dice Bergmann. Su hijo, un veterinario, trabaja en el zoológico, y su hija, una maestra, usa temas relacionados con los animales en sus lecciones.

Al final de cuentas, Bergmann dice que es un hombre afortunado. "Muchas veces trabajas los siete días de la semana y ni siquiera te das cuenta", dice. "Estás haciendo lo que amas. Disfrutas de ayudar a los animales".

El personal ha sido testigo de que una amplia variedad de animales hallan el camino que los conduce al Parque Popcorn.

Porthos, un león, fue hallado en un establo de caballos remodelado con el piso cubierto de excrementos. Doe, una cierva, está tan vieja que tiene pestañas grises. Y Princess, una camello hembra, tiene un talento especial para elegir al ganador de los eventos deportivos.

"Los aceptamos cuando nadie más los quiere", dice Bergmann, y admite que a veces el zoológico puede parecerse a un hogar de la tercera edad para que los animales viejos vivan sus últimos años en paz.

El zoológico tiene un gran sector para animales domésticos, con altas tasas de adopción. Muchos vienen de estados que tienen graves problemas de sobrepoblación en los refugios, donde no pueden mantener a los animales por mucho tiempo y terminan sacrificándolos.

El zoológico se mantiene principalmente con donaciones, dice Bergmann, que ayudan a costear a los 42 miembros del personal, entre ellos, a los veterinarios y los funcionarios de control de animales, que proporcionan un cuidado constante a los residentes.

Y eso no contempla los suministros y los alimentos especiales que se necesitan para contentar a los animales que son más mañosos con la comida.

Hace unas tardes, la cocina del zoológico se llenó del aroma a puré de papas casero. La comida era para uno de los animales que disfrutaba de comer un almuerzo variado.

4. **VOLVER A LEER Y COMENTAR** Vuelve a leer las líneas 63 a 98. Con algunos compañeros, forma un grupo pequeño. Comenta en qué se diferencia el Parque Popcorn de otros zoológicos.

5. **LEER** Mientras lees las líneas 99 a 126, continúa citando evidencia del texto.
   - Subraya lo que Bergmann quiere que las personas aprendan del zoológico.
   - Encierra en un círculo ejemplos del carácter compasivo de Bergmann.

> *"Además de ayudar a los animales que lo necesitan,... el zoológico tiene una misión más importante"*.

En honor al nombre del zoológico, los visitantes pueden comprar palomitas de maíz (en inglés, *popcorn*) para compartir con algunos de los animales domésticos y de granja que tienen dietas menos rígidas.

Además de ayudar a los animales que lo necesitan, Bergmann dice que el zoológico tiene una misión más importante.

"Siempre espero, y siempre creo, que [los visitantes] se irán de aquí con más compasión por los animales de la que tenían", dice. "Siempre pensé que era [una gran parte de] nuestra misión, que cambiaríamos el parecer de las personas para que tuvieran más compasión por los animales".

Aunque parece haber encontrado el trabajo de sus sueños, Bergmann dice que tiene problemas con un aspecto de su trabajo: decirles adiós a los animales que mueren.

Sonny, un elefante, fue traído a los Estados Unidos desde Zimbabue para ser entrenado en el trabajo de circo. Después de resistirse a su entrenamiento, fue enviado a un zoológico de Nuevo México, del cual escapó varias veces.

En vez de sacrificarlo, en 1989, el zoológico envió una carta a otras instalaciones de todo el país para ver si alguna podía darle un nuevo hogar al problemático animal.

"Fuimos los únicos que levantamos la mano", dice Bergmann.

Hizo falta mucho cuidado y entrenamiento, pero finalmente Sonny se adaptó a su nuevo hábitat en el Parque Popcorn y vivió allí una decena de años más, hasta que murió en 2001.

Una casa funeraria local donó sus servicios para celebrar una ceremonia en honor a Sonny, y Bergmann dijo unas palabras.

"Este no era su hogar", dijo, mientras recordaba a su amigo. "Lo único que hicimos fue hacerle compañía mientras estuvo aquí".

Para Bergmann, el día que vio partir a Sonny del Parque Popcorn fue un día de contradicciones. "Es muy triste que él ya no esté con nosotros", dice, conteniendo las lagrimas, y agrega un pensamiento reconfortante: "Pero ahora está de nuevo con su manada".

6. ◀ **VOLVER A LEER** Vuelve a leer las líneas 121 a 126. ¿Qué quiere decir Bergmann cuando dice que Sonny está "de nuevo con su manada"?

_____
_____
_____

RESPUESTA BREVE

Citar evidencia del texto ¿Cuál es el propósito del autor al escribir este artículo periodístico? ¿Cómo describe Karas a Bergmann? Repasa las notas que tomaste durante la lectura y asegúrate de **citar evidencia del texto** en tu respuesta.

_____
_____
_____
_____
_____
_____
_____
_____
_____

Acknowledgments

"Arachne" from *Greek Myths* by Olivia E. Coolidge. Text copyright © 1949, renewed © 1977 by Olivia E. Coolidge. Translated and reprinted by permission of Houghton Mifflin Harcourt Publishing Company.

Excerpt from "The Arch Hunters" (retitled from "The Hidden Southwest: The Arch Hunters") by James Vlahos from *adventure.nationalgeographic.com*. Text copyright © 2008 by James Vlahos. Translated and reprinted by permission of James Vlahos.

"Big Things Come in Small Packages" from *Don't Split the Pole: Tales of Down-Home Folk Wisdom* by Eleanora E. Tate. Text copyright © 1997 by Eleanora E. Tate. Translated and reprinted by permission of Eleanora E. Tate.

Excerpt from *A Christmas Carol: Scrooge and Marley* by Israel Horovitz. Text copyright © 1979 by Israel Horovitz. Translated and reprinted by permission of William Morris Endeavor Entertainment, LLC.

"Difference Maker: John Bergmann and Popcorn Park" (retitled from "John Bergmann runs a special zoo for older, exploited, and abused animals") by David Karas, October 25, 2012 from www.csmonitor.com. Text copyright © by David Karas. Translated and reprinted by permission of David Karas.

Excerpt from "Doris Is Coming" from *Drinking Coffee Elsewhere* by ZZ Packer. Text copyright © 2003 by ZZ Packer. Translated and reprinted by permission of ZZ Packer.

"He-y, Come On O-ut!" by Shinichi Hoshi from *The Best Japanese Science Fiction Stories,* edited by John L. Apostolou and Martin H. Greenberg. Translated and reprinted by permission of Barricade Books.

"Heartbeat" by David Yoo. Text copyright © 2005 by David Yoo. Translated and reprinted by permission of Writers House, LLC, on behalf of David Yoo.

"Intricate" from *Diccionario Inglés, Edición Revisada*. Text copyright © 2001 by Houghton Mifflin Harcourt Publishing Company. Reprinted by permission of Houghton Mifflin Harcourt.

"Is Space Exploration Worth the Cost?" by Joan Vernikos excerpted and titled from "Is Space Exploration Worth the Cost? A Freakonomics Quorum" by Stephen Dubner from www.freakonomics.com, January 11, 2008. Text copyright © by Joan Vernikos. Translated and reprinted by permission of Joan Vernikos, Ph.D.

Excerpt from "The Most Daring of Our Leaders" from *Freedom's Daughters: The Unsung Heroines of the Civil Rights Movement from 1830 to 1970* by Lynne Olson. Text copyright © 2001 by Lynne Olson. Translated and reprinted by permission of Scribner, a division of Simon & Schuster, Inc. and the Ross Yoon Agency. All rights reserved.

Excerpt from *Polar Dream* by Helen Thayer. Text copyright © 1993 by Helen Thayer. Translated and reprinted by permission of Helen Thayer.

"Prayer to the Pacific" from *Storyteller* by Leslie Marmon Silko. Text copyright © 1981 by Leslie Marmon Silko. Translated and reprinted by permission of The Wylie Agency, Inc.

"Problems with Hurricanes" from *Maraca: New and Selected Poems 1965-2000* by Victor Hernández Cruz. Text copyright © 1991 by Victor Hernández Cruz. Translated and reprinted by permission of The Permissions Company on behalf of Coffee House Press.

Excerpt from *Stan Lee Presents A Christmas Carol* by Charles Dickens. Copyright © 1978, renewed © 2015 by Marvel Characters, Inc. Adapted from the classic novel by Charles Dickens. Translated and reprinted by permission of Marvel Entertainment.

"Stinging Tentacles Offer Hint to Ocean's Decline" by Elisabeth Rosenthal from *The New York Times*, August 3, 2008, www.nytimes.com. Text copyright © 2008 by The New York Times Company. Translated and reprinted by permission of PARS International on behalf of The New York Times.

"Tornado at Talladega" from *Blacks* by Gwendolyn Brooks. Text copyright © 1945, 1949, 1953, 1960, 1963, 1968, 1969, 1970, 1971, 1975, 1981, 1987 by Gwendolyn Brooks. Translated and reprinted by consent of Brooks Permissions.

Index of titles & authors

A
Adolescentes y la nueva tecnología, Los, 77
Aracne, 17

B
Barranco, Lourdes, 83
Brooks, Gwendolyn, 55, 60

C
Coolidge, Olivia E., 17
Cuento de Navidad (Novela gráfica), de, 35, 40
Cuento de Navidad (Novela), de, 35
Cuento de Navidad: Scrooge y Marley (Obra de teatro), de, 35, 37

D
Dickens, Charles, 35
Discurso de la Convención Nacional Demócrata, 95, 101

F
Grandes cosas vienen en envases pequeños, Las, 3

H
Hacedor de diferencias: John Bergmann y el Parque Popcorn, 107
Halla tu propio Everest, 13
Hernández Cruz, Victor, 55, 56
Horovitz, Israel, 35, 37
Hoshi, Shinichi, 87

K
Karas, David, 107

L
Latido, 25
Lewis, John, 95, 101

M
Marvel Comics, 35, 40
Medina, Robert, 13
Most Daring of [Our] Leaders", "The (La más audaz de nuestras líderes), de, 95, 96

O
Olson, Lynne, 95, 96
¡O–ye! ¡Sal de a–hí!, 87

P
Packer, ZZ, 103
Padilla-Lopez, Andres, 77
Picaduras y los tentáculos que dejan entrever el deterioro de los océanos, Las, 67
Plegaria al Pacífico, 55, 58
Polar Dream (Sueño polar), de, 45
Problemas con los huracanes, 55, 56

R
Rosenthal, Elisabeth, 67

S
Salvar a los perdidos, 31
Silko, Leslie Marmon, 55, 58
Suroeste oculto: Los cazadores de arcos, El, 51

T
Tamaños e ilusiones, 83
Tate, Eleanora E., 3
Thayer, Helen, 45
Tornado en Talladega, 55, 60

V
¿Vale la pena explorar el espacio?, 63
Vasquez, Reynaldo, 31
Vernikos, Joan, 63
Viene Doris, 103
Vlahos, James, 51

Y
Yoo, David, 25

114